ESOTÉRISME DE BAUDELAIRE

DU MÊME AUTEUR

Essais

Ésotérisme de Shakespeare (Mercure de France, épuisé).
Lecture de Shakespeare (C.A.L.).
Avec les lamas tibétains (Fayard).
Avec les sages du Japon (Fayard).
La Rose-Croix et ses rapports avec la Franc-Maçonnerie (Maisonneuve et Larose).
Le théâtre japonais (en réimpression, L'Arche).
Les grands Maîtres spirituels de l'humanité (sous presse).

Romans

Le hérisson (Les Lettres).
Le silence de Célia (Mercure de France).
Une larme pour tous (Mercure de France).

Traductions

Shakespeare, œuvres complètes, en vingt volumes (C.A.L.).
Faust, de Gœthe (C.A.L.).
Neuf nô japonais (La Librairie théâtrale).
Vingt nô (en préparation).

ESSAIS D'ART ET DE PHILOSOPHIE

ESOTÉRISME DE BAUDELAIRE

PAR

Paul ARNOLD

PARIS
LIBRAIRIE PHILOSOPHIQUE J. VRIN
6, PLACE DE LA SORBONNE, Ve
1972

Printed in France

INTRODUCTION

La beauté de la forme est, pour l'œuvre baudelairienne, le meilleur gage de perennité. Mais en dépit du faste d'impressions inattendues, de sentiments formulés non sans une géniale démesure, nous resterait-elle aussi chère sans un ensemble de méditations et d'idées, sans une manière de philosophie plus ou moins cohérente, classant et expliquant les sensations qui agitent le cœur de l'homme, cherchant à pénétrer le secret de notre existence ? Car tout compte fait, c'est notre énigme que nous tentons de résoudre en lisant le témoignage humain qu'est l'œuvre d'un grand auteur.

Au risque de déplaire à l'esthéticien, je dirai que c'est encore la beauté de l'ouvrage dans sa plénitude qu'on exalte en cernant la vision de l'univers que le poète Charles Baudelaire s'attachait à célébrer. Il n'est guère de mystère plus âprement discuté que ses convictions. Catholique ou janséniste pour les uns, athée ou païen pour d'autres, hérétique singulier pour les troisièmes, Baudelaire semble fournir des arguments à chacun. Si cette querelle ne touchait qu'au secret de la personne, aux croyances privées du poète, pareilles incertitudes seraient de peu de poids. Mais ses lecteurs, selon qu'ils lui prêtent telle ou telle conviction, supposent un sens différent à maint poème, à maintes notes ou réflexions. C'est donc la valeur même de l'œuvre, son universalité, qui sont en cause.

Jacques Crépet[1], Jean Pommier[2], Georges Blin[3], pour ne

1. Avant tout les éditions critiques des *Fleurs du Mal* et des *Journaux Intimes*, établies par Jacques Crépet et Georges Blin (Corti, 1942 et 1949).

2. *La Mystique de Baudelaire* (Les Belles Lettres, 1932) et *Dans les Chemins de Baudelaire* (Corti, 1945). Voir la bibliographie complète des études nombreuses consacrées par cet érudit à Charles Baudelaire, dans *Dialogues avec le passé* (Nizet, 1967).

3. *Baudelaire* (Gallimard, 1939) et *Le sadisme de Baudelaire* (Corti, 1948).

citer que les noms les plus marquants, ont soumis l'œuvre baudelairienne à une analyse spectrale quasi scientifique. Pas un mot décisif ou éclairant n'a échappé à un univers de comparaisons et d'histoire. Et tout leur legs, tout cet acquis, nous demeure précieux comme des fondations nécessaires. Si un peu trop volontiers ces chercheurs ont dénié à Baudelaire une philosophie organisée, ce fut une réaction salutaire contre les annexions hâtives de Stanislas Fumet, de Charles du Bos, de Jean Massin, de François Porché [4]. Elle a cependant imposé aux études baudelairiennes un style qui accuserait aisément de témérité la présente recherche : ne doit-elle pas tendre à rebâtir entièrement le monde du poète, non plus à partir des menus incidents de sa vie privée où l'on a cru déceler l'origine de ce qu'on tient pour sa vision de l'univers [5], mais à partir d'une confrontation avec des traités de métaphysique ignorés de ces chercheurs.

On doit en effet se demander si tout a été fait pour explorer les doctrines qui ont pu, de près ou de loin, séduire Baudelaire et déteindre sur sa manière de voir. Le titre même du sonnet des *Correspondances* a fort heureusement mené Jean Pommier [6] sur les traces du mystique suédois Swedenborg, de qui Baudelaire a quelque peu goûté l'enseignement alors exalté en France comme à l'étranger par des associations de prosélytes très florissantes. Étude néanmoins très fragmentaire de l'œuvre swedenborgienne qu'il importe de confronter dans son entier avec les textes de Baudelaire pour autant que celui-ci a pu la connaître. On s'y appliquera dans un dernier chapitre de ce livre.

Mais les chercheurs ne se sont guère souciés d'allusions insistantes — jusque dans le poème-préface des *Fleurs du Mal* — aux doctrines hellénistiques attribuées à Hermès Trismégiste, en honneur à Alexandrie durant les premiers siècles de notre ère, et précisément fort à la mode aux temps de Baudelaire, singulièrement dans son entourage même. Le poète n'a-t-il pas été longtemps l'intime ami de Louis Ménard qui allait publier — certes, bien plus tard, mais nous apprendrons d'autres incidences — la première traduction moderne du *Poïmandrès* (le Pasteur), le

4. Dans le même sens, la remarquable étude de Marcel-A. Ruff, *L'esprit du mal et l'esthétique baudelairienne* (A. Colin, 1955).

5. Surtout Eugène Crépet, *Charles Baudelaire* (Messein, 1906) ; François Porché, *Baudelaire, Histoire d'une âme* (Flammarion, 1944) et Marcel Ruff, *op. cit.* Et pour le recours à la psychanalyse, surtout Dr René Laforgue, *L'Échec de Baudelaire* (Denoël et Steele, 1931) ; Jean-Paul Sartre, *Baudelaire* (Gallimard, 1947) et Georges Blin, *Le sadisme de Baudelaire.*

6. *La Mystique de Baudelaire.*

corps de doctrine d'Hermès ? Aussi n'est-il pas inutile de retracer l'historique de cette amitié et l'ambiance philosophique qui lui a servi de cadre au milieu du dix-neuvième siècle. On sentira combien étroitement Baudelaire se trouva mêlé à ce courant d'idées.

Ce rapprochement historique fournirait déjà une première assise à l'hypothèse d'influences hellénistiques sur l'œuvre baudelairienne et prêterait quelque vraisemblance aux conclusions précipitées d'une plaquette que j'ai publiée voilà plus de vingt ans [7]. N'ayant alors d'autres arguments à proposer que des confrontations de concepts nécessairement ambiguës et discutables, cet essai ne prêtait que trop aisément le flanc aux critiques parfois acerbes. Et je suis le premier à comprendre l'accusation d'audace que formulait sagement Max Milner [8].

Mais la seule édition française du *Poïmandrès* que chronologiquement Charles Baudelaire a pu connaître à l'époque de sa production, un ouvrage insolite remontant à la fin du XVIe siècle, est amplifiée presque démesurément de commentaires hauts en couleur, mine inépuisable de paraboles, d'images, d'aperçus fascinants, réelle nourriture pour l'esprit poétique. Sa lecture force à de constants parallèles avec la pensée, la langue, voire des schémas d'œuvres du poète. Je m'y appliquerai en rappelant au fur et à mesure les dogmes de la doctrine hermétique.

Dans le vocabulaire baudelairien, les chercheurs ont isolé des termes qui tantôt récusent [9] tantôt rappellent une métaphysique connue. Quoi de plus logique pour qui ne se laisse pas prendre au piège d'analogies vagues ou ambivalentes, quoi de plus contraignant que de conclure à l'agnosticisme ou à l'esthétisme de l'œuvre, faute de référence à une philosophie dont la plupart des traits recouvriraient les apparentes contradictions ou disparités des idées baudelairiennes ? Si toutefois un tel corps de doctrine se révélait à l'interprète, il faudrait bien changer de vision et rendre à Baudelaire une manière de religiosité ou, si le terme effraie, une explication logique ou mystique de l'univers.

7. *Le Dieu de Baudelaire* (Savel, 1947).

8. Max Milner, *Le Diable dans la littérature française* (Corti, 1960, t. II, p. 464. On doit toutefois observer que ce critique, après un rejet presque catégorique d'une « source... hypothétique... qu'on infère d'un éventuel contact de Baudelaire avec le gosticisme » est moins tranché dans un ouvrage plus récent *(Baudelaire, enfer ou ciel, qu'importe !* p. 160) où la création-dégradation de l'Unité Divine lui paraît conforme « à un schéma de pensée qu'il (Baudelaire) emprunte peut-être à la tradition gnostique et plus probablement à Edgar Poe » (sur ce point particulier, *infra*, p. 105).

9. Ainsi pour « ange », voir Jean Pommier, *Les anges des Fleurs du Mal* (*Dialogues avec le passé*, pp. 158-172).

CHAPITRE PREMIER

CHARLES BAUDELAIRE ET LOUIS MÉNARD

Charles Baudelaire et Louis Ménard se sont connus au Lycée Louis-le-Grand où Baudelaire, à quinze ans, était revenu après un séjour à Lyon de 1832 à 1836. Charles, brillant élève de seconde, était interne ; Louis, externe, plus jeune d'un an, le fréquentait peu les premiers temps. « Nous n'étions pas très liés, notera-t-il plus tard ; car je n'étais point de sa classe ; mais je le respectais beaucoup parce qu'il était fort en vers latins. »

Baudelaire, qui avait perdu son père à l'âge de six ans, avait déjà connu l'internat au collège de Lyon où il avait été placé par les siens au lendemain du mariage de sa mère avec le commandant Aupick, après vingt mois de veuvage. Il rappela dans *Mon cœur mis à nu* le sentiment de « solitude » qui l'avait étreint dès l'enfance. Ses premières lettres déjà laissent deviner une frustration, le besoin de tendresse maternelle sur laquelle les psychanalistes fondent leur hypothèse. A Louis-le-Grand, Charles apparaissait à ses condisciples quelque peu « fêlé » — le mot est de Charles Cousin — ; pourtant, écrivait-il lui-même à sa mère, le 16 juillet 1839, « je travaillais de temps en temps, je lisais, je pleurais, je me mettais quelquefois en colère ; mais au moins je vivais ». Il échangeait avec Émile Deschanel des « bouts rimés ». Les quelques vers qui remontent à cette époque n'ont pas le ton âpre de la poésie baudelairienne et rappellent Lamartine ou Joseph Delorme.

Le 21 avril 1839, il est renvoyé du collège. Charles Cousin a insinué que c'était pour une affaire de dortoir. Le proviseur expliqua dans sa lettre que Charles avait refusé « de remettre un billet qu'un de ses camarades venait de lui glisser » ; ayant déchiré et avalé le papier, il avait déclaré « qu'il aime mieux toute punition que de livrer le secret d'un camarade ». Et ses condisciples ont fait allusion à ses révoltes sourdes et au dédain qu'il marquait aux professeurs. Mis en pension chez son répétiteur, Charles Lasègue, il travaille quelque peu. Mais le milieu terne de Lasègue le décourage. Ici il ne lui « reste rien, rien qu'indolence, maussaderie, ennui », écrit-il encore dans sa lettre de juillet 1839. Il se souvient d'une manière de bonheur familial auprès de sa mère et de son beau-père, « (son) ami » ; mais il se résigne. « Après tout, c'est peut-être un bien que j'aie vu des étrangers, j'aimerai mieux ma mère. C'est peut-être un bien d'avoir été dénudé et dépoétisé, je comprends mieux ce qui me manquait. »

Reçu au baccalauréat dès le mois d'août suivant, il laisse entendre qu'il n'avait dû ce succès qu'à ses intelligences avec la ménagère d'un examinateur. On songe pour lui à une carrière de diplomate, mais Charles entend se consacrer aux lettres. On compose, et sous couleur de se destiner à l'École des Chartes, Baudelaire accepte de vivre à la pension Lévêque et Bailly, place de l'Estrapade. Cette « maison de hautes études » était appréciée des familles bourgeoises. Bailly, président de la Conférence de Saint-Vincent-de-Paul, imprimait chez lui le grand journal catholique *L'Univers* [1]. Quelle était au juste l'attitude de Charles ? Dans une lettre de la même année 1839, il souhaitait prendre des leçons particulières de religion, « la plus belle partie de la philosophie » [2]. Mais Gustave Le Vavasseur, son condisciple à la « boîte Bailly », a noté : « Il était... libertin par curiosité, moi sage par indolence ; païen par révolte, moi chrétien par obéissance. » [3]

C'est à cette époque qu'il rencontra Sarah, dite Louchette, une prostituée, à qui il s'attacha jusqu'au printemps 1842. Cette liaison lui a inspiré quelques vers — pas plus de trois pièces, le « cycle Louchette ». Elle allait peser lourdement sur la vie du poète et peut-être sur son œuvre, par les misères physiques

1. La présence de Baudelaire à la pension Lévêque et Bailly, affirmée par une tradition qui s'appuie sur un texte formel d'Ernest Prarond, est généralement admise par les biographes. Seul Marcel Ruff (*L'Esprit du mal et l'esthétique baudelairienne*, p. 161) la met en doute sans arguments bien convaincants.

2. *Lettres inédites aux siens*, p. 172.

3. Reproduit par Eugène Crépet, *Charles Baudelaire*, p. 20. On peut à la rigueur admettre avec Ruff (*op. cit.*, p. 166) que cette appréciation, que son auteur rapporte à l'époque de la pension Bailly, décrivait l'attitude de Baudelaire entre 1842 et 1845, encore qu'il n'y ait à cela aucune bonne raison.

qu'elle lui procura. Ce qu'on a appelé sa « souillure » a peut-être marqué un tournant dans sa vie ; mais la lecture d'*Idéolus*, pièce de théâtre en vers que Baudelaire commençait d'écrire en collaboration avec Prarond, vers 1842 ou 1843, n'incline pas à trouver dans l'aventure Sarah la source de ce qu'on a nommé son « satanisme »[4].

A la pension Lévêque et Bailly, le poète étonnait les hôtes volontiers bohèmes par une mise recherchée qui annonçait le dandy. Il vivait là dans un milieu généralement légitimiste de catholiques fervents, parfois même militants. Il se lia pour la vie avec Ernest Prarond, Philippe de Chennevières-Pointel, Gustave Le Vavasseur, Jules Buisson, ses condisciples pleins l'ambitions littéraires et dont certains allaient former l'éphémère « École Normande ». Il semble avoir noué alors, en tout cas vers cette époque, des relations avec Balzac, tout imbu du mysticisme de Swedenborg, Gérard de Nerval le « pythagoricien moderne », Delatouche, initié au martinisme, outre le catholique Édouard Ourliac qui le mena auprès de Pétrus Borel et de Victor Hugo. Mais il ne délaissa pas pour autant certains de ses anciens camarades, Philippe Berthelot, qui habitait tout près, Maxime du Camp et leur ami commun, Louis Ménard.

Ménard n'avait pas encore quitté la maison paternelle de la place de la Sorbonne. Son père, libraire et banquier escompteur, assurant à sa famille une certaine aisance, ne l'avait pas préparé à une liberté de pensée qui devait le mener aux « Rêveries d'un païen mystique ». Sa mère l'avait élevé dans la foi ardente qui était la sienne. On a dit que les Ménard avaient une ascendance protestante et que leurs ancêtres avaient dû se résigner à une conversion forcée. Henry Peyre, le meilleur biographe de Louis Ménard[5], a fait justice de ce qui est peut-être une légende et qui en tout cas n'explique pas les « affinités que Louis Ménard devait plus tard se découvrir avec le protestantisme »[6].

4. C'est une note de Prarond recueillie par Eugène Crépet, qui contient tout ce qu'on sait de la liaison : « Avant l'Inde, il y avait eu la Juive, je ne sais plus son nom (Sarah, je crois)... Baudelaire, assez féru d'elle lorsque nous le connûmes, n'en conserva pas un souvenir clément :

Une nuit que j'étais près d'une affreuse juive...

(Voir *Œuvres posthumes*, de Charles Baudelaire, éd. Conard, p. 380.)

5. Henry Peyre, *Louis Ménard*, thèse (New Haven Connecticut, Yale University Press, 1932), p. 13. Le fait avait été conté à Louis Ménard par son oncle que les autres membres de la famille ne prenaient pas au sérieux. Ménard prêtera plus tard le propos à un personnage de ses *Rêveries*.

6. *Ibid.*

Louis achevait en 1840-1841 sa classe de philosophie sous la direction d'un jeune professeur, Jules Simon, de huit ans seulement son aîné, nouvellement nommé à Louis-le-Grand où il ne devait passer qu'un temps très bref. Il était sans doute quelque peu l'ami de son élève ; car l'année précédente, privé de sa chaire par une décision arbitraire de Victor Cousin qui le nomma pour quelque temps « agrégé-volant » sans traitement, il avait loué à peu de frais une chambre et un cabinet de travail au cinquième étage de la maison Ménard. Le jeune maître commençait alors une *Histoire de l'École d'Alexandrie,* c'est-à-dire de l'hermétisme, qui devait paraître six ans plus tard, en 1845 [7]. Il n'est pas téméraire de penser, avec Henry Peyre [8] qu'il révéla à son élève, helléniste d'une valeur exceptionnelle, les rudiments de la doctrine d'Hermès Trismégiste et des Alexandrins qui allait devenir un des principaux objets des méditations de Louis Ménard, le disposant à entreprendre plus tard la traduction désormais classique des livres hermétiques [9]. Le jeune homme se présenta au concours d'entrée à l'École Normale Supérieure, section des Lettres, où il fut reçu au concours de 1842. Il retrouva Jules Simon qui venait d'y être nommé.

Entre temps, Charles Baudelaire avait vécu malgré lui sa grande aventure, le voyage disciplinaire aux îles du Pacifique et à Calcutta. Il avait quitté la pension Bailly au printemps 1841, après une violente querelle avec le colonel Aupick, son beau-père — où la critique nourrie de psychanalyse pourrait voir la preuve des penchants meurtriers du poète [10]. On le plaça pour commencer dans une pension de Creil, mais, le 9 juin, il dut s'embarquer sur le paquebot *Les Mers du Sud.* Lorsqu'il rentra à Paris, en février 1842, il était plus résolu que jamais à faire carrière d'auteur. Devenu majeur quelques mois plus tard, il toucha l'héritage de son père qu'il allait rapidement dilapider en vivant de façon dispendieuse. N'allait-il pas bientôt loger « seigneurialement » [11] dans le fameux hôtel Pimodan, maison historique ?

7. Édité chez Joubert, 1845.

8. *Op. cit.,* p. 20.

9. Louis Ménard, *Hermès Trismégiste,* traduction complète précédée d'une étude sur l'origine des livres hermétiques (Paris, 1866).

10. Selon Maxime du Camp, relatant le récit de Baudelaire — véridique ou partiellement imaginaire, on ne sait — celui-ci aurait menacé le colonel d'une « correction » : « Je vais avoir l'honneur de vous étrangler. »

11. Asselineau, *Recueil d'anecdotes,* publié par E. Crépet *(Charles Baudelaire).*

De son côté, Louis Ménard, nommé élève à demi-bourse par ordonnance royale du 29 octobre 1842, ne supporta pas plus de deux mois l'internat de Normale. Ni l'enseignement de Jules Simon, ni la direction d'Étienne Vacherot ne suffisaient à le retenir. Vacherot, qui venait de succéder à l'autoritaire Victor Cousin, n'était pas seulement un farouche défenseur de l'idéal républicain et d'une spiritualité sans Dieu ; il écrivait alors une monumentale *Histoire critique de l'École d'Alexandrie* qu'il publia par tranches, entre 1846 et 1851. C'était presque une préfiguration de la future carrière politique et philosophique de Louis Ménard.

Celui-ci donna « sa démission » fin décembre. Car, rapporte Philippe Berthelot, il « avait déjà un goût très vif pour la liberté ». Il revint au foyer paternel, place de la Sorbonne, où il prit possession du cinquième étage occupé naguère par Simon. C'est dans ce « grenier » qu'il allait recevoir bon nombre de gloires ou de futures gloires littéraires. Baudelaire et tout le groupe de l'École Normande s'y retrouvaient sans cesse, quand ce n'était pas dans les crèmeries ou au café de Tabourcy fréquenté par les gens de lettres. Baudelaire y connut à tout le moins Théodore de Banville et Leconte de Lisle. Il vint y lire ses premières œuvres. « Bien des Juvénilia très goûtés au grenier, raconte Charles Cousin [12] n'ont pas trouvé place dans l'illustre recueil de 1857 », *Les Fleurs du Mal.* Et au témoignage de Berthelot, le poète y déclama un drame intitulé *Masaniello.*

Les recherches minutieuses de Jean Pommier [13] ont prouvé que Baudelaire et Ménard ont emprunté au même conte, *Mademoiselle de Verneuil,* figurant dans le premier tome du recueil *Les romans et le mariage* publié en 1837 par « M. Théophile de Ferrière ». Baudelaire y trouva le pseudonyme de Samuel Cramer — Manuela de Monteverde — le héros de *La Fanfarlo* (1847) ; Ménard y rencontra le pseudonyme Louis de Senneville sous lequel il publiait en 1844 son *Prométhée Délivré.* Cependant, le premier conte d'un autre recueil du même auteur, *Il Vivere,* paru sous le pseudonyme « Samuel Bach » (1836) a fourni avec le prénom d'emprunt de l'auteur, le nom de Cramer et, par son titre *Idéolo,* le titre et le nom du

12. *Charles Baudelaire, Souvenirs, correspondance, bibliographie, suivi de pièces inédites* (Paris, 1872), anonyme.

13. *Dans les chemins de Baudelaire,* p. 90.

héros d'*Idéolus,* drame que Baudelaire commençait d'écrire en collaboration avec Prarond [14].

S'il est vrai que Baudelaire refusa de s'associer au groupe des « anciens copains de chez Bailly », Le Vavasseur et Prarond, à qui se joignit Auguste Dozon (signant A. Argonne), résolus à publier à frais communs un recueil de *Vers* [15], le poète des *Fleurs du Mal* se laissa entraîner, dans le grenier de Louis Ménard, à ses premières expériences du haschich [16]. Il ne devait du reste éprouver, en fait de rêves séduisants, que d'ennuyeuses coliques. Mais on doit penser qu'il lut avec son meilleur ami les *Confessions d'un Mangeur d'Opium* de Thomas de Quincey, et que les premières réflexions philosophiques des *Paradis artificiels* et du *Poème du Haschisch,* qui nous fourniront plus d'une clef, naquirent chez Louis Ménard.

Éclectique, ce dernier n'entendait s'interdire aucune voie de la connaissance. Si « l'helléniste enragé » et le « mystagogue » — ces mots sont de Charles Cousin — allait se pencher avec délices sur les textes grecs en apparence les plus insignifiants, il ne négligeait pas les lettres. Il composait des vers un peu froids et intellectuels, célébrant les mythes ésotériques — ce que lui reprochait plus tard Baudelaire — ; et il devint un des membres justement appréciés de l'École du Parnasse. Et tout en se préparant à une carrière de peintre où venait de s'engager

14. Sur cette collaboration où le mauvais goût de Prarond se heurte sans cesse à la persévérance de Baudelaire, voir Jean Pommier, *op. cit.*, pp. 23-29. On peut y mesurer le goût croissant de Baudelaire pour une langue vigoureuse en face de la pruderie et de la trivialité d'un Prarond. Baudelaire propose : « estomac que jamais ne creva la bouteille », Prarond retient : « ...que jamais n'emplit une... » ; et Baudelaire rectifie en rétablissant sa formule.

15. C'est ce groupe qu'on appela l'École Normande (patrie de Le Vavasseur et de Chennevières). Baudelaire accepta d'abord de participer à ce florilège — que Eugène Crépet (*Charles Baudelaire,* 1906, p. 19) jugea d'un « spiritualisme particulièrement catholique ». Il avait apporté sa contribution, mais Le Vavasseur voulut, « imprudent et indiscret ami, corriger le poète. Baudelaire ne dit rien, ne se fâcha pas, et retira sa part de collaborateur » (notes de Le Vavasseur rapportée par E. Crépet, *ibid.*). Dans un ouvrage qui a suscité une controverse point encore close, Jules Mouquet *(Charles Baudelaire, Vers retrouvés, Juvenilia - Sonnets)* (Émile-Paul, 1929) a tenté d'attribuer à Baudelaire vingt et une des pièces signées Prarond et une signée Dozon, outre partie de six autres. Rien n'est moins sûr. Voir la discussion de Jean Pommier (*Dans les Chemins de Baudelaire,* pp. 30-40) et, en dernier, de Marcel Ruff (*Baudelaire,* pp. 34-35 et 175).

16. « Le Club des Haschischins », réunion des intimes du grenier, a été de courte durée. Ce n'était pas une véritable fumerie mais un cercle d'amis portés par une curiosité esthétique ou pseudo-scientifique. Il n'y aurait pas eu d'intoxication réelle.

son frère René, il se passionnait à la fois pour l'alchimie et pour la chimie. Il poussa les choses assez loin pour composer en 1846 le collodion et fabriquer l'année suivante un explosif puissant, la nitromannite, après quoi il abandonna définitivement la chimie.

Son « grenier » était à l'époque une véritable curiosité. Entre des bustes, des esquisses et des tubes en trombone, dominait une armoire « nauséabonde, raconte Charles Cousin, où grouillaient dans l'alcool, sous de formidables étiquettes, les batraciens invraisemblables, les lézards géants et les vipères de choix assassinés à Fontainebleau. »[17] Pareille ambiance, autant que l'infinie diversité des préoccupations séduisant Ménard, se complétant, se recoupant, était comme une préfiguration de la mentalité baudelairienne. Si Baudelaire a confessé non sans une pointe de fierté que « De Maistre et Edgar Poe (lui) ont appris à raisonner »[18], on ne peut douter que c'est dans le bouillonnement d'idées, d'intérêts et d'enchaînements désordonnés, allant sans cesse de la physiognomonie, des hyperesthésies de la drogue à la chimie et de l'art à la science et à la métaphysique, comme il advient des réflexions baudelairiennes, que le poète des *Fleurs du Mal* a façonné son univers intérieur. Et l'on peut lire dans les allusions dc « l'épître à Sainte Beuve » — non datée mais envoyée de l'hôtel Pimodan, donc remontant à 1843 — qu'il connaît déjà le spleen, « la torture des fatigues claustrales », mais aussi son sens très spécial de la mystique : « Tout abîme mystique est à deux pas du gouffre. »

Quelques poèmes, parmi lesquels *Le Mauvais Moine* et *Correspondances,* chargés l'un et l'autre d'une philosophie que nous évoquerons, semblent remonter à ces premières années de l'intimité avec Ménard.

Pour ce qui est de celui-ci, Henry Peyre estime[19] qu'entre 1840 et 1845, il était moins attiré par Fourier et Saint-Simon que par les livres de Pierre Leroux et d'Étienne Cabet teintés d'une vague religiosité. En 1841, Leroux fondait avec George Sand la *Revue Indépendante.* Il y exaltait à la fois une théorie mystique de la métempsychose et les réformes sociales, s'appuyant sur une doctrine d'économie politique confortée par l'Évangile. Aussi

17. Henry Peyre (*op. cit.,* p. 24) pense que les chasses aux reptiles sont postérieures à l'époque de l'intimité entre Ménard et Baudelaire. Ce n'est pas sûr ; ce détail importe peu.

18. *Fusées.*

19. *Op. cit.,* pp. 30-31.

bêtes féroces de la propriété ». Et l'on pourrait fort bien y voir une révolte du secrétaire de rédaction de *La Tribune Nationale,* laquelle défendait de plus en plus ouvertement « l'ordre et la propriété ».

Ce fut le dernier contact connu de Baudelaire avec le socialisme. En septembre, il accepta un poste de rédacteur en chef du *Représentant de l'Indre,* journal franchement conservateur de Châteauroux. Personne ne doute qu'il agissait par besoin d'argent. Il a raconté qu'il n'épargnait pas son mépris pour les directeurs [36].

Quelque vantardise peut-être mise à part, nous n'avons aucune bonne raison de douter de son attitude lors du coup d'État du 2 décembre qu'il décrit ainsi dans ses notes intimes : « Ma fureur au coup d'État. Combien j'ai essuyé de coups de fusil. Encore un Bonaparte ! Quelle honte ! »

L'événement paraît avoir soudain produit en Baudelaire non un retournement politique mais une vision philosophique différente se greffant sur des constatations objectives. N'écrit-il pas à sa mère, en mars 1852 : « Des événements politiques et de l'influence foudroyante qu'ils ont eu *(sic)* sur moi, je te parlerai un jour » ? Au même instant il écrit à Ancelle qu'il s'abstiendra aux élections, car « le 2 décembre m'a physiquement dépolitiqué ». Ce n'est donc très certainement pas un ralliement même sans enthousiasme [37]. Dans ses notes, Baudelaire, aussitôt après avoir exprimé son indignation du coup d'État, mentionne : « Et cependant tout s'est pacifié. Le Président n'a-t-il pas un droit à invoquer ? — Ce qu'est l'Empereur Napoléon III. Ce qu'il vaut. Trouver l'explication de sa nature, et sa providentialité. »

Milner [38] a très justement appelé l'attention sur cette idée de providentialité qu'on trouvera fréquemment chez Baudelaire — sans qu'il faille, comme il le fait, voir dans le passage cité

36. Dès son arrivée, il aurait dit aux directeurs : « Messieurs, je n'ai rien à dire. Ne suis-je pas venu ici pour être le domestique de vos intelligences ? » Et à ses collaborateurs : « Où est l'eau-de-vie de la rédaction ? » (Témoignage d'Arthur Ponroy, voir Mouquet et Bandy, *op. cit.*, p. 49.)

37. En sens contraire Milner (*op. cit.*, p. 70) : « Ce ralliement, qui était dans la logique de son évolution, n'a pas eu... le caractère d'une adhésion enthousiaste. » Et il semble aventureux de prêter à Baudelaire (pp. 60-70) certaines tirades du *Représentant de l'Indre* constatant l'incapacité des gouvernants de la veille à diriger les affaires de la République et à remplir leurs vastes promesses, parce que le texte mentionne que le pouvoir est dès lors tombé « providentiellement » entre les mains des réactionnaires « faute de prétendants légitimes ».

38. *Ibid.*

une justification de la dictature de l'empereur, alors que le poète se donne simplement pour tâche de chercher s'il y a providentialité dans cette « honte » et, le cas échéant, pourquoi [39]. Mais rien ne démontre que cette notion se soit imposée à Baudelaire d'abord au moment des événements de 1848-1852 où il l'exprime pour la première fois. En revanche, toutes ses réflexions subséquentes font état d'observations directes sur la « folie du peuple et folie de la bourgeoisie » au moment des « horreurs de juin » et du règne de « l'utopie » : « 1848 ne fut amusant que parce que chacun y faisait des utopies comme des châteaux en Espagne. » Il avait été bien placé pour juger les utopistes de tout niveau qu'il avait abordés alors. Et c'est bien pourquoi il écrira, également dans *Mon Cœur mis à nu :* « Défions-nous du peuple, du bon sens, du cœur, de l'inspiration et de l'évidence. » C'est, doit-on croire, de cet ensemble de réflexions et d'observations qu'est issue plus tard, avec son mépris des « philosophies de 1848 » et du fouriérisme [40 bis], sa doctrine politique très personnelle notée dans *Fusées* — sur le tard, comme il faut l'induire du contexte — : « L'imagination humaine peut concevoir, sans trop de peine, des républiques ou autres États *communautaires*, dignes de quelque gloire, s'ils sont dirigés par des hommes sacrés, par de certains aristocrates. » On peut gager que c'est là « l'influence foudroyante » des événements sur le poète [40].

39. Baudelaire ne cesse au contraire de conspuer la dictature napoléonnienne : « Immense goût de tout le peuple français pour la pionnerie et pour la dictature », et surtout : « En somme, devant l'histoire et devant le peuple français, la grande gloire de Napoléon III aura été de prouver que le premier venu peut, en s'emparant du télégraphe et de l'Imprimerie nationale, gouverner une grande nation... Les dictateurs sont les domestiques du peuple, — rien de plus, un foutu rôle d'ailleurs, — et la gloire est le résultat de l'adaptation d'un esprit avec la sottise nationale. » *(Mon cœur mis a nu.)*

40. Il faudrait en finir de certaines légendes, comme celle qui s'empare du fameux passage du *Salon de 1846 :* « Avez-vous éprouvé, vous tous que la curiosité du flâneur a souvent fourrés dans quelque émeute, la même joie que moi à voir un gardien du sommeil public, sergent de ville ou municipal, crosser un républicain ? Et comme moi, vous avez dit dans votre cœur : " Crosse, crosse un peu plus fort... L'homme que tu crosses est un ennemi des arts et des parfums, un fanatique des ustensiles ; c'est un ennemi de Watteau, un ennemi de Raphaël. " » C'est au contraire une charge contre certain avilissement du cœur humain, dans le style du poème *Au Lecteur,* « hypocrite lecteur, mon semblable, mon frère ».

40 bis. Voir sa lettre du 21 janvier 1856 à Alphonse Toussenel à propos de son livre « Le Monde des Oiseaux » : « En somme qu'est-ce que vous devez à Fourier ? Rien ou bien peu de chose. Sans Fourier, vous eussiez été ce que vous êtes. » Il répond ainsi à la glorification de Fourier par l'auteur.

de Foix, de la famille de Candalle, Chaptal de Buchs, etc., évêque d'Ayre... »[53]

Cet ouvrage, dédié à Marguerite de France, reine de Navarre, fait expressément écho aux travaux de l'Académie florentine vouée à l'étude de l'hermétisme sous l'impulsion de Cosme Ier par Le Ficin et Pic de La Mirandole. Il prend le *Poïmandrès* pour un texte révélé ; il l'interprète ligne par ligne, mot par mot, comme purement chrétien et catholique. Les 741 pages de ce volume in-quarto exposent à leur façon, enluminée d'une imagerie truculente, la divinité de l'âme humaine emprisonnée dans un corps issu par degrés ou par émanations successives du principe divin et livré au pouvoir de démons destructeurs, la lente régénération ou restauration de l'âme par l'intervention de « démons vengeurs », l'exercice de la volonté et l'extase mystique.

Pas à pas, ces développements appelleront des parallèles précis de textes et de vocabulaire.

53. Pour faciliter la lecture, je citerai toujours le texte en orthographe moderne.

CHAPITRE II

SATAN TRISMÉGISTE

Au siècle de Baudelaire, maint poète s'attachait à réhabiliter Satan, à l'exalter comme la victime propitiatoire d'un ciel aveugle et cruel. On voyait dans son sort comme le reflet de nos malheurs. On saluait en lui notre frère de misère. Byron, Shelley, Lamartine, Victor Hugo donnaient le ton de toute une littérature du satanisme, point toujours très sincère [1]. Baudelaire bénéficia de ce climat, et l'on a été en droit de penser que ce qu'on appelle communément d'un mot trop commode son « satanisme » s'explique pour une large part à travers ces influences.

Mais si l'époque, en plus peut-être d'un penchant personnel, a contribué à éveiller l'intérêt du poète pour un thème littéraire favori, il serait imprudent de s'en tenir à des analogies vagues, générales, voire superficielles, au lieu de rechercher ce qui est exceptionnel, unique dans le soi-disant satanisme baudelairien, dans sa prétendue défense de Satan glorifié, pourrait-on croire, par *Les Litanies de Satan* placées au centre des *Fleurs du Mal.*

La question est d'importance, puisque d'elle la critique déduit l'explication de l'univers baudelairien et, isolément, celle des diverses œuvres. La variété des opinions n'a d'égal que leur nature inconciliable et leur aspect tranchant. Si pour Pierre Flottes [2] « la hantise de Satan chez Baudelaire est la conscience

1. Sur le satanisme au siècle de Baudelaire, voir l'excellente étude d'ensemble de Max Milner, *Le Diable dans la littérature française, de Cazotte à Baudelaire.*

2. *Baudelaire, l'homme et le poète* (Perrin, 1922), p. 70.

permanente des exigences du corps », Stanislas Fumet [3] rappelle que « le péché est chrétien ». Si Jean Pommier [4] impute au poète une manière de « contre-religion », François Porché [5] considère « le satanisme de Baudelaire comme l'expression poétique sans doute, mais vraie, authentique, d'une perversion morale particulière », « le terme de mal (devant) être pris... dans une acception religieuse, théologique..., le grand fleuve qui découle du péché originel et que l'Humanité continue de descendre ». Il avait dû lire le livre du docteur René Laforgue [6] avec qui la psychanalyse venait de faire son entrée dans le monde baudelairien. Et si Jacques Crépet [7] ne voit encore prudemment dans ce satanisme qu'une « attitude d'insurrection (qui) trouvait... profondément sa justification dans notre condition d'homme », Georges Blin [8] et Jean-Paul Sartre [9] optent résolument pour l'explication médicale. En une analyse incisive, Blin isole dans l'œuvre baudelairienne tels termes, telles observations, telles métaphores qu'un constant parallèle avec les écrits du marquis de Sade peuvent faire paraître obsessionnels. Et de conclure au sado-masochisme du poète où il aperçoit la clef de toute son œuvre, dès lors une sorte d'écriture automatique de l'être bestial, l'aspect spirituel des œuvres n'étant plus qu'une sublimation ou un besoin de justification métaphysique. Et tout au plus concède-t-il au poète les croyances familiales du « catholique incorrigible » dont nous parle une lettre [10], surajoutées vaille que vaille à un fond de sadisme-masochisme. Aussi ne critique-t-il dans une monographie brillante [11] que les avenues secondaires de la position sartrienne pour laquelle Baudelaire « maintient le Bien pour pouvoir accomplir le Mal » [12], sorte de revendication de culpabilité qui a pour thérapeutique l'auto-punition déjà bien plus scientifiquement sinon plus sûrement démontrée par le Dr Laforgue.

Revenant à des notions plus spiritualistes, Jean Prévost [13]

3. *Notre Baudelaire* (Plon, 1926), p. 118.
4. *Dialogues*, p. 159.
5. *Baudelaire, Histoire d'une âme* (Flammarion, 1944), pp. 241 et 267.
6. *L'Échec de Baudelaire, étude psychanalytique* (Denoël et Steele, 1931).
7. Édition critique des *Fleurs du Mal*, p. 264.
8. *Le Sadisme de Baudelaire*.
9. *Baudelaire*.
10. Voir *infra*, p. 169.
11. *Jean-Paul Sartre et Baudelaire*, in *Le Sadisme de Baudelaire*.
12. Jean-Paul Sartre, *op. cit.*, p. 91.
13. *Baudelaire, essai sur l'inspiration et la création poétique* (Paris, 1953).

pose une équation entre « l'œuvre de Satan » et « l'œuvre des hommes pour se délivrer des dures conditions que le ciel a mises à leur vie terrestre », tandis que, selon Lloyd James Austin [14], Baudelaire dépeint l'œuvre du Diable pour rendre hommage à Dieu, avec cette réserve qu'il attribue à Satan les deux postulations vers le Bien et vers le Mal. Si pour Jules Romains [15] Baudelaire accorde « que le mauvais principe s'installe, puisque tel est son bon plaisir », quoiqu'il importe au poète de se « demander si nous savons bien nous servir de lui », pour Marcel-A. Ruff [16] il apparaît au poète « que le destin de l'homme se ramène à une lutte contre le mal dans lequel l'homme ne peut jamais se proclamer vainqueur », Baudelaire se plaçant de la sorte « dans l'orthodoxie chrétienne ». Max Milner n'est guère sensible qu'à l'esthétisme de Baudelaire pour qui le diable « nous engage sans cesse, ne serait-ce qu'en nous plaçant dans l'inépuisable poursuite du plaisir à porter témoignage de cette insatisfaction radicale dans laquelle se résume la noblesse de l'homme » ; et ce critique ajoute : « Ce témoignage, qu'est-ce d'autre que l'art, dans son acception spirituelle et profonde ? » [17] Cependant, pour Daniel Vouga, le Satan de Baudelaire « n'est pas un Dieu, n'est pas un révolté, ou ne l'est plus guère ; il est celui qui s'est sacrifié « pour consoler l'homme frêle et qui souffre » *(Litanies de Satan).* Il est, en somme, Prométhée qui s'est dévoué à l'humanité et qui expie son dévouement [18].

On pourrait enrichir encore ce catalogue des opinions. Elles reflètent pour la plupart la position spirituelle personnelle de leurs auteurs respectifs. Chacun lit dans l'œuvre baudelairienne — et il en ira ainsi de l'interprétation des diverses pièces — la confirmation de ses propres convictions. A tous il manque un fil d'Ariane.

En fait, comment Baudelaire se représente-t-il ou nous représente-t-il Satan ?

14. *L'univers poétique de Baudelaire* (Mercure de France, 1956), pp. 112 et 126.

15. Préface à l'édition des *Fleurs du Mal* annotée par Pierre Flottes (Bordas, 1949).

16. *L'esprit du mal,* p. 223.

17. *Le Diable,* t. II, p. 478.

18. *Baudelaire et Joseph de Maistre* (Corti, 1957), p. 175.

1. Présence des démons dans l'homme

Au seuil des *Fleurs du Mal,* dans son poème *Au Lecteur,* le poète nous livre le tableau le plus angoissant et à la fois le plus personnel du Corrupteur de l'humanité :

> Sur l'oreiller du mal, *c'est Satan Trismégiste*
> *qui berce longuement notre esprit enchanté,*
> et le riche métal de *notre volonté*
> *est tout vaporisé* par ce savant chimiste.
>
> *C'est le Diable qui tient les fils qui nous remuent !*
> Aux objets répugnants nous trouvons des appas ;
> chaque jour vers l'enfer nous descendons d'un pas,
> sans horreur, à travers des ténèbres qui puent.
>
> *Serré, fourmillant, comme un million d'helminthes,*
> *dans nos cerveaux ribote un peuple de Démons,*
> et quand nous respirons, la Mort *dans nos poumons*
> *descend,* fleuve invisible, avec de sourdes plaintes.

Ou encore, comme le dit une première version de cette strophe :

> *Dans nos cerveaux malsains,* comme un million d'helminthes,
> *grouille, chante et ripaille un peuple de Démons*
> et quand nous respirons, la mort *dans nos poumons*
> *s'engouffre,* comme un fleuve...

Indissolublement liés au nom de Satan Trismégiste, ces « démons », incarnation du mal, affirment leur toute-puissance, leur règne incontesté sur l'âme et le corps humains. Comme les atomes, ils remplissent l'élément terrestre tout entier, puisque dans notre chair, dans notre cerveau, dans nos poumons, bref dans tout notre corps ils vivent « serrés comme un million d'helminthes » qui corroderaient de partout un édifice vermoulu.

Le poème *La Destruction* où, à en croire Georges Blin[19], Baudelaire « pousse jusqu'à un rêve sauvage d'assassinat », son « désir éternel et coupable », introduit la section intitulée « Fleurs

19. *Le Sadisme de Baudelaire,* p. 29.

du Mal » et fait, à ce titre, pendant au poème *Au Lecteur.* Ses vers complètent le tableau du début :

> Sans cesse à nos côtés s'agite le Démon ;
> *il nage autour de moi* comme un air impalpable ;
> *je l'avale et le sens qui brûle mon poumon*
> *et l'emplit d'un désir* éternel et coupable.
>
> Parfois il prend, sachant mon grand amour de l'Art,
> la forme de la plus séduisante des femmes...
>
> Il me conduit ainsi, loin du regard de Dieu,
> haletant et brisé de fatigue, au milieu
> des plaines de l'Ennui, profondes et désertes,
>
> et jette dans mes yeux pleins de confusion
> des vêtements souillés, des blessures ouvertes,
> et l'appareil sanglant de la Destruction.

Une fois de plus, le poète nous montre Satan emplissant l'espace et les formes, entrant dans notre corps, le gangrenant, greffant en nous le mal qui amène notre perte. Et dans son article sur Théodore de Banville (1861) il nous représente « le Lucifer latent qui est installé dans tout cœur humain. » Du reste il ne cesse d'assimiler au Démon l'attirance de la chair : ailleurs, en des vers dont il fut tenté, après le procès, de faire une manière d'exergue railleuse : *Épigraphe pour un livre condamné,* Baudelaire développe le thème de la séduction par l'esprit :

> Si tu n'as fait ta rhétorique
> chez Satan, le rusé doyen,
> jette (ce livre), tu n'y comprendrais rien
> ou tu me croirais hystérique.

« Vénus, caprice, hystérie, fantaisie — est une des formes séduisantes du diable », note Baudelaire dans *Mon cœur mis à nu* : par-delà la séduction grossière de la chair, toutes les émotions matérielles et spirituelles donnent prise aux sophismes, à la rhétorique satanique.

Ainsi Satan « berce longuement notre esprit enchanté », il enchante, ensorcelle, enchaîne « notre volonté », il la « vaporise » par la tentation de l'esprit autant que par la tentation de la chair ou bien, débouchant sur la seconde par le chemin de la première, il corrompt par la rhétorique, par la subtilité dialectique, les penchants ambigus de sa victime, tel que l'amour de l'art portant le poète à exalter la beauté de la femme

> et, sous de spécieux prétextes de cafard,
> accoutumé ma lèvre à des philtres infâmes.

Cela ira jusqu'à l'hystérie, jusqu'à la « possession », la fièvre qui poussera *le Possédé* à s'exclamer :

> Il n'est pas une fibre en tout mon corps tremblant
> qui ne crie : O mon cher Belzébuth, je t'adore.

S'insinuant, s'engouffrant dans toutes les parties de notre chair et de notre esprit, dans notre « cerveau » comme dans « nos poumons », par millions, comme un fleuve, nous traversant en quelque sorte comme un influx, le « peuple des démons » remue nos désirs endormis, nos sens, nos instincts. Par cette double offensive du mental et de la chair, il réduit l'homme à l'état de marionnette, outil passif dans la main du « Diable qui tient les fils qui nous remuent ». « Haletant et brisé de fatigue », instrument aveugle de la volonté du mal, l'homme s'attache alors aux « objets répugnants », se précipite dans « les ténèbres qui puent » autant que sa propre dépravation. Descendant « sans horreur » d'un pas de plus vers l'enfer, il se laisse conduire aveuglément « loin du regard de Dieu ».

Le *Poïmandrès* d'Hermès Trismégiste dépeint un monde satanique à tous égards semblable, jusque dans le détail de l'action, de l'aspect, des procédés, de l'imagerie, parfois même des expressions adoptées par la seule traduction française que Baudelaire a pu connaître, celle de François de Foix.

Au chapitre XVI du *Pimandre* intitulé « Commentaires sur les définitions d'Esculape au roi Amon », Mercure (Hermès), en des termes que j'analyserai plus tard, proclame la domination du Soleil (autant spirituel que naturel), et puis il ajoute : « Sous celui-ci est constituée une *compagnie de Démons* ou plutôt compagnies, de tant qu'ils sont plusieurs et diversement ordonnés » (p. 719). Ils « *occupent (l'air) tout entièrement par leur continuité, laquelle ne cesse jamais heure ni lieu ni moment en eux* » (p. 177). « *Ils se présentent à nos âmes* et les élèvent vers eux *étant cachés en nos nerfs, moelles, veines, artères, et cerveaux, voire pénétrant jusqu'aux entrailles* » (p. 719).

Cette invasion de démons, que François de Foix appelle fréquemment « Sathan » et qui « nos corps humains... pénètrent tous les jours », débute à l'instant même de notre naissance, car « c'est à l'heure de notre naissance qu'ils trouvent notre matière plus disposée à recevoir leurs effets ». Dès « que chacun de nous est né, il se trouve *tout farci et accompagné de ces Démons* », de même que l'homme, selon Baudelaire, voit « fourmiller » en lui, « serré », un « peuple de démons » qui « dans nos cerveaux ribote » et « dans nos poumons descend » ou « s'engouffre ».

Les démons, poursuit le *Pimandre*, ayant envahi l'être humain, « lui portent chacun *l'influence de son astre* » (p. 724), de l'astre auquel il est spécialement attaché et qui symbolise l'un des principaux vices — réduits à sept comme les planètes depuis le pythagorisme. Et puisque notre « matière » se trouve ainsi « *disposée toute notre vie* », cet assaut perpétuel dure nécessairement jusqu'à notre mort.

Comment ces cohortes infernales agissent-elles ? « Ils pénètrent facilement toute manière de corps, par leur nature aérée, et par la véhémence de leurs actions, dit *Pimandre,* entrent et pénètrent tout le corps humain, *émouvant les humains et autres parties de la matière, soit de douleur ou volupté,* lesquelles abondent au corps humain comme ruisseaux ; toutes ces émotions étant incontinent et en l'instant portées à l'âme, par les sens corporels, qui font partie de l'âme » et aussitôt « *cette âme qui déjà a donné son affection et volonté aux concupiscences est enlevée vers ces voluptés, affections et passions par les effets de ces démons* », exactement comme chez Baudelaire : « notre volonté est toute vaporisée par ce savant chimiste ».

Dès qu'ils suivent l'inclination naturelle de la matière, les hommes « se trouvent si ensevelis en l'amour des choses matérielles que quand ces démons commencent à remuer leurs concuspicences et passions, tant s'en faut qu'ils y résistent, que plutôt *ils s'aident à être emportés, courant au-devant pour leur donner leur consentement* ». Voilà accomplie la destruction de la volonté. Aussitôt suit la phase décisive : les démons « ayant dès lors *accès en l'homme et en sa volonté* », « *les conduisent, manient, remuent et portent ou détournent quelle (que) part qu'il leur plaît, soit de leur corps, qui ne demande qu'à durer en ses concupiscences, et de leur âme, qui leur ayant donné sa résolution de son (libre) arbitre et volonté, a rendu elle et toute sa personne serve et esclave aimant et chérissant leurs effets* » (p. 728), à la manière du *Possédé* adorant Belzébuth[20] et de Satan Trismégiste maniant les fils « qui nous *remuent* ».

20. *Le Possédé* a été suggéré à Baudelaire par un épisode du *Diable amoureux* de Cazotte dont le héros, « devenu un possédé », dira à Biondetta : « Mon cher Belzébuth, je t'adore. »

François de Foix va plus loin encore. « Ces démons, écrit-il, *trouvant les hommes obéissants* », *les agitent et exécutent eux-mêmes « tous les effets que font (en apparence) les hommes* » et ainsi ils agissent par l'entremise des « *hommes comme les maniant en la manière d'un outil ou instrument par lequel sans aucune résistance ils font leur besogne* » diabolique. Ils « tiennent (les hommes) captifs et *s'en aident comme d'instruments qui se laissent pousser et conduire par le vouloir de leur maître sans aucune résistance* ».

Ces tableaux fort colorés ne rappellent pas seulement, une fois de plus, le poème *Au Lecteur;* ils nous remettent en mémoire cette phrase du projet de préface aux *Fleurs du Mal* composé en 1862 : « J'ai été plus d'une fois victime de ces crises et de ces élans qui nous autorisent à croire que des démons malicieux *se glissent en nous et nous font accomplir, à notre insu, leurs plus absurdes volontés.* »[21] Et préfigurant quelque peu ce passage de *La Destruction :* « Parfois (le Démon) prend, *sachant mon grand amour de l'Art,* / la forme de *la plus séduisante des femmes...* », François de Foix note : « *Le Démon serpent ancien subtil...* fait une invention, *sachant* que l'homme ne peut être mieux que *par ratiocination* ou prétexte d'icelle, par laquelle il *suscite dans les concupiscences* de ses plus obéissants *quelque dévoiement de la religion* et culture de Dieu, déclinant de la vérité sa volonté » (pp. 722-723).

A ce stade de leur domination, les démons peuvent parachever leur œuvre, inscrite, nous le verons, dans la destinée universelle : « Ces démons, dit le *Pimandre,* ont pour seule charge toute l'imperfection, misère et sujétion du monde qui est le remuement de ces *puantises et infections matérielles* qui sont directement contraires et *répugnantes* aux perfections de Dieu », préparant ainsi notre propre déchéance pareille à celle que décrit Baudelaire :

> Aux objets *répugnants* nous trouvons des appas ;
> chaque jour vers l'enfer nous descendons d'un pas,
> sans horreur, à travers des ténèbres qui *puent.*

21. Nous reviendrons plus loin sur la réponse ambiguë de Baudelaire à Flaubert inquiété par les *Paradis artificiels* où il sent « comme un levain de catholicisme çà et là ». Baudelaire avoue qu'il lui paraît « impossible de me rendre compte de certaines actions ou pensées soudaines de l'homme, sans l'hypothèse de l'intervention d'une force méchante extérieure à lui », aveu dans lequel on a voulu voir le témoignage de son catholicisme. Cf. *infra,* pp. 168-169.

C'est aussi façon de dépeindre l'éloignement progressif de Dieu qu'annonce plus clairement *La Destruction :*

> Il nous conduit ainsi loin du regard de Dieu.

drame que François de Foix exprime dans une autre phrase du passage cité : « Ces démons... dominent tant cette pauvre matière corporelle qu'elle leur sert à se faire la guerre et incessamment combattre le repos de l'âme, *jusqu'à ce qu'ils l'aient attirée en sa perdition et misère... quittant et abandonnant toute connaissance et amour de Dieu* » (p. 723).

A ce stade, les démons portent l'homme à tous les crimes : le Démon, dit Mercure Trismégiste, « furtivement insinuant sème la semence de sa propre opération. Et *la pensée conçoit* ce qui est semé, à savoir *adultères, meurtres, parricides, sacrilèges, impiétés, étranglements, précipitations* et toutes autres choses œuvres de Démons » (p. 292). Ne trouvons-nous pas le reflet de ce passage dans la strophe du poème-préface qui suit immédiatement celles que j'ai citées plus haut :

> Si *le viol, le poison, le poignard, l'incendie,*
> n'ont pas encore brodé de leurs plaisants dessins
> le canevas banal de nos piteux destins,
> c'est que *notre âme,* hélas ! n'est pas assez hardie.

2. Gouvernement terrien des démons

Cette idée de « domination » des démons sur l'être humain n'est qu'un des aspects de leur puissance, selon le *Pimandre.* C'est le monde sublunaire dans son entier qui leur a été livré. « Il n'y a aucune partie du monde vide de Démon » (p. 292). Les « immortels » ayant départi la région de ceux-ci (les démons) prennent garde sur les choses humaines » (p. 705). Ils « *gouvernent tout ce gouvernement terrien qui a été commis à leur discrétion,* conduite et maniement des hommes » (p. 728). C'est pourquoi F. de Foix parle de « *Satan, vrai prince et capitaine de ce monde matériel et corruptible* » (p. 82).

Et ce n'est pas, comme dans les Écritures, par une malice, une volonté contraire à celle de Dieu, que les Démons triomphent du corps et d'une partie de l'âme humaine. L'humanité leur a été livrée ; ils ont « reçu charge et puissance » sur l'humanité ; ils « mettent à effet les commandements des dieux » (p. 705).

« Mercure nomme cette dispensation : *destinée* » ou, comme dit plus fréquemment le *Pimandre* de F. de Foix : « Fatum *ou fatale destinée* ».

Tel est le pivot de l'univers, la raison de notre sujétion au peuple des démons « semblables à diverses armées familières » : un décret initial du Destin qui régit la Création. Exécuteurs du destin, afin que soient remplis ses desseins, telle est leur fonction dans l'univers.

L'action des démons n'est donc pas une protestation ou une révolte contre un Dieu biblique, et l'homme n'a ni licence ni espoir d'échapper à leur emprise. Car « l'habitation des créatures mortelles et corporelles sujettes à génération, corruption et autres mutations, est *la terre sur laquelle et entour laquelle incessamment (ces démons) pleuvent leurs actions et produisent leurs effets* ». Imagerie rappelant le Satan baudelairien qui « nage autour » de nous et qui « sans cesse à nos côtés s'agite ».

Fait du Destin, mais aussi nécessité de cette œuvre du mal. Car si cette œuvre s'arrêtait, si l'âme était « en repos », alors, dit le commentateur du Trismégiste : « ce serait dire que... ne sentant plus d'assauts de matière, les actions célestes et leurs Démons cesseraient de faire leur état ». Un rouage primordial de l'univers serait paralysé, puisque l'action des démons sur l'homme en est un mécanisme indispensable. Les choses sont ainsi disposées que, quoi que fasse l'homme, son corps est « incapable de recevoir d'autres actions » qui puissent annihiler l'effet de la destinée. « Tout le cours de sa vie, ce corps » reçoit « les actions fatales de froid ou chaud, de maladie, de tentation ou suscitations de concupiscences que les sens corporels s'efforcent de produire en nous » et dont s'emparent les démons selon leur charge. Voilà la disposition universelle « nommée *fatum*, destinée ou *nécessité* ». Soucieux de mettre la doctrine hermétique d'accord avec les vues chrétiennes, F. de Foix, extrapolant, nous apprend que ce destin ou cette nécessité ont été imprimés à la création par « le Saint-Esprit » ou « Dieu ». Il n'importe. Selon Mercure Trismégiste « *cette loi et ordonnance que Dieu leur a destinée est si nécessaire et à ce point irréfragable... qu'il est hors (la possibilité) de toute autre puissance de changer ou altérer tant soit peu* » cet état.

L'homme n'a nul espoir d'échapper à cette loi de l'univers qui le contraint. Il participe d'une *construction divine pyramidale :* le Soleil, pensée intelligible et sensible de Dieu, d'où émanent les sept planètes ou gouverneurs agissant sur le monde sublunaire par l'entremise des cohortes de démons, leurs exécuteurs, les exécuteurs de la destinée. « Véritablement, s'écrie le comte de Foix, un homme n'est pas sage d'entreprendre, par quelque force ou puissance de Dieu qui lui soit communiquée, de rompre la nécessité et action que l'astre ou fatum fait en sa personne » (p. 17). Il ne nous reste qu'à subir. « *Nous nous devons résoudre, selon possible* » *à* « *endurer et combattre* ». Je dirai plus tard comment l'âme peut néanmoins, selon le Trismégiste, s'élever au-dessus de la destinée, tandis que le corps et les sens ne sauraient échapper à l'emprise de la corruption. Ce sera le mystère de la « régénération » face à la fatale destruction de l'essence inférieure.

Ajoutons simplement pour l'instant que c'est le mal qui règne sans partage dans le monde sublunaire. « Ce qui ici bon, est une très petite partie de mal », c'est-à-dire un mal moindre. *Il est donc impossible que le bien soit ici pur de malice.* Car ici *le bien est maculé de mal*... (C'est) pourquoi le seul nom de Bien est aux hommes, mais l'effet nullement : car c'est impossible. De tant que *le corps matériel* contenant de toutes parts des malices, peines, douleurs, convoitises, affections, déceptions, opinions malsaines, *ne le peut contenir.* » Pis encore, l'homme vivant dans cette misère ne s'en aperçoit pas nécessairement. « *Ce qui est pire de tout, c'est qu'il est tenu certain ici chacune des choses susdites être un très grand bien* » (pp. 229-230). Commentant ce verset de Mercure, F. de Foix y ajoute cette formule frappante : « C'est que *vice et imperfection régnant parmi la matière, il ne peut être que ce qui se trouve en cette matière ne sente sa principale nature qui est le mal* » (p. 232). Aussi la terre est-elle « *vraie patrie du mal* » (p. 298).

Il tombe sous le sens que tous ces textes, choisis au hasard dans un ouvrage abondant à l'excès à propos d'un thème rappelé à la plupart des pages, présentent une affinité constante avec l'univers baudelairien tout entier livré à Satan ou aux démons et soumis à un destin inéluctable de corruption et de misère physiques et morales. Nous aurons amplement l'occasion, dans les chapitres suivants, de proposer des parallèles précis en passant en revue les divers aspects de la condition humaine. Et de même que pour le Trismégiste, la vie terrestre dans l'ignorance et la perversion doit être comparée à un « parc de ténèbres » (p. 254) — et F. de Foix complète : « ayant enclos l'homme tellement qu'il ne puisse jouir de son contraire qui est connaissance... elle l'enferme et enclot si bien dans ses ténèbres et privation de lumière qu'elle est dite parc et cloison de ténèbres (p. 257) —, de même Baudelaire lance son appel désespéré « du fond du gouffre obscur où (son) cœur est tombé », un « univers morne à l'horizon plombé / où nagent dans la nuit l'horreur et le blasphème » *(De profondis clamavi) ;* et la terre n'est pour lui que « caveaux d'insondables tristesses / où le Destin (l') a relégué » *(Un Fantôme),* « un Styx bourbeux et plombé / où nul œil du Ciel ne pénètre » *(L'Irrémédiable)* et que ferme le « couvercle noir de la grande marmite /où bout l'imperceptible et vaste Humanité » *(Le Couvercle).* « Fortune irrémédiable », car « peut-on déchirer des ténèbres plus denses que la poix ? » *(L'Irréparable).* Je ne donne ces quelques citations qu'à titre d'exemple.

Mais nous devons nous demander d'abord comment l'Humanité en est arrivée là, selon l'auteur des *Fleurs du Mal* d'abord, selon le *Pimandre* ensuite.

3. Chute et fatalité

L'Irrémédiable a surtout préoccupé par ses derniers mots « la conscience dans le mal » que nous retrouverons bientôt. Et ce n'est guère que comme tableau de la dégradation progressive, « d'un démérite qui se multiplie en progression géométrique » qui « à la limite se fige dans la perfection diabolique »[22] que la critique la plus moderne survole ses premières strophes. Seul Ruff[23] croit pouvoir y déceler une peinture de la Chute de l'homme parfaitement biblique, et reconnaître dans l'Ange qui « descend rapidement » vers la damnation une créature du Dieu des Écritures, tandis qu'au même moment, Jean Pommier[24], malicieux à plaisir, nous rappelle que cet ange-là « que des ailes, s'il en avait, pourraient sauver..., se débat « comme un nageur ».

Relisons le poème sans passion :

Une *Idée,* une *Forme,* un *Être,*
parti de l'azur et *tombé*
dans un Styx bourbeux et plombé
où nul œil du Ciel ne pénètre ;

22. Max Milner, *Baudelaire, enfer ou ciel, qu'importe !* p. 161.
23. *L'esprit du mal,* p. 305.
24. *Dialogues,* p. 161.

un Ange, imprudent voyageur
qu'a *tenté l'amour du difforme,*
au fond d'un cauchemar énorme
se débattant comme un nageur,

et luttant, angoisse funèbre,
contre un gigantesque remous
qui va chantant comme les fous
et pirouettant dans les *ténèbres ;*

un *malheureux ensorcelé*
dans ses *tâtonnements futiles*
pour fuir d'un *lieu plein de reptiles,*
cherchant la lumière et la clé ;

un damné *descendant sans lampe*
au bord d'un gouffre dont l'odeur
trahit l'humide *profondeur,*
d'éternels escaliers sans rampe,

où veillent des monstres visqueux
dont les larges yeux de phosphore
font une nuit plus noire encore
et ne rendent visibles qu'eux ;

un navire pris dans le Pôle,
comme en un *piège* de cristal,
cherchant par quel *détroit fatal*
il est tombé dans cette *geôle ;*

— Emblèmes nets, tableau parfait
d'une *fortune irrémédiable,*
qui donne à penser que le Diable
fait toujours bien tout ce qu'il fait !

Ces effrayants tableaux de la destinée humaine s'ouvrent par une genèse moins biblique qu'hellénique ou hellénistique. Baudelaire en esquisse deux versions également hérétiques pour le chrétien, celle de l'Idée — platonicienne ou non, peu nous importe pour l'instant — devenant Forme puis Être sublunaire ; celle de l'Ange tenté par les formes créées, se précipitant volontairement de l'empyrée sur la terre.

Or, le chapitre Ier du *Pimandre* bordelais développe, côte à côte, avec l'idée de geôle ténébreuse où se morfond l'humanité, ce double aspect de la genèse et de l'avilissement de l'être parti du ciel et exilé sur la terre. Il n'est pas jusqu'aux expressions qu'on ne retrouve à la fois chez le traducteur du Trismégiste et chez le poète. L'hermétisme, peut-être sous l'influence du judaïsme, divise la création du monde en trois phases qui, dans une doctrine voisine de l'émanatisme cher à la Cabbale, représentent non point trois temps de l'action divine directe, mais trois hypostases successives de plus en plus obscures et corrompues, à mesure qu'on s'éloigne davantage du foyer divin. Dans les deux premières phases, les Sept Gouverneurs ou Planètes, issus du Soleil visible émanant lui-même du Soleil intelligible, première hypostase de Dieu, procèdent à la création de la matière qui donnera naissance à son tour aux animaux sans âme noble. Voici comment, selon Mercure du *Pimandre* bordelais : « *Soudainement le verbe de Dieu sortit* des principes de Dieu, *allant contrebas* pour le *pur artifice* (entendez : fabrication) *de* (la) *nature, et* s'est conjoint à la *pensée opérante,* de tant qu'il lui était de même essence ; et *sont demeurés* (entendez : sont apparus) les *éléments de nature tombant contrebas,* sans raison, pour servir de seule matière » (p. 21). Ne nous y trompons pas ; ces éléments sans raison ne sont pas les choses inanimées. Car, poursuit le texte, c'est ainsi que par « mixtions, générations, transmutations et corruption » sont produites les « *créatures* également composées de *matière et de forme* » mais « *dénuées de toutes actions et vertus divines* ».

Ainsi se dessine un premier parallèle. « Une *Idée,* une *Forme,* un *Être parti de l'azur* et *tombé* », dit Baudelaire ; et François de Foix : le *verbe* de Dieu *sorti* — donc se séparant de l'essence — de Dieu « allant *contrebas* » associé à la pensée opérante, produit, « *tombant contrebas* » les « *créatures* » « de *forme* ». Tombé, poursuit le poète, « dans un Styx bourbeux... *où nul œil du Ciel ne pénètre* », tandis que le *Pimandre :* « créatures » « *dénuées de toutes actions et vertus divines* ».

Précisant la seconde phase de la création, ce dernier (pp. 25-58) révèle que, coopérant avec les Sept Recteurs déjà affectés de mal et foyers des démons, la sainte Pensée, troisième hypostase de Dieu, « enfanta l'homme semblable à soi, lequel elle aima comme sa propre portée ou enfant propre, représentant (le) même », autrement dit : étant de même essence. Cette créature privilégiée, le *Pimandre* l'appelle « *Être* (se situant entre Dieu et l'homme intérieur » ou âme d'essence divine pure.

L' « Être » se rapproche donc de l'Ange selon la Bible. Et l'on pourrait supposer que Baudelaire lui a substitué le nom biblique, tandis qu'il s'est emparé du mot pour sa première strophe. Mais poursuivons.

Affecté de forme intelligible et non matérielle, d'autre part créé par les Sept Gouverneurs et donc « pourvu de toutes les concupiscences », cet être angélique succomba tout à coup à l'orgueil. Il « a voulu enfreindre les circonférences de leurs cercles », c'est-à-dire se hausser au-dessus de lui-même et des limites qui lui furent assignées dans l'univers ; il a voulu à son tour devenir Créateur. Ainsi débute son drame, celui de la tentation et de la chute.

Alors celui que le commentateur bordelais, soucieux d'orthodoxie, qualifie d' « homme ayant reçu de Dieu (la) grande et excellente dignité de son image et semblance par le moyen desquels il était en repos » (c'est-à-dire en parfaite félicité, hors d'atteinte du mal) s'est dressé contre la loi céleste et pour cela « a été comparé aux juments insensées et fait semblable à eux », à ces bêtes lubriques qui errent et divaguent, cherchant à satisfaire leurs instincts tyranniques. Et, tout comme l'Ange baudelairien « tenté par l'amour du difforme », « celui qui avait eu (libre) arbitre et toute-puissance sur les animaux du monde, bruts et mortels... rompant la puissance des cercles, *montra à nature qui allait en bas une belle forme de Dieu* ; » séducteur séduit, l'Être intelligible, « *forme de Dieu, sourit d'amour* » à la Nature brute. Fasciné, victime de son mirage, il « *considérait la figure de l'humaine beauté* en l'eau et l'ombre sur la terre. Et *reconnaissant que sa forme* semblable à celle qu'il voyait en l'eau était en lui, *il l'aima et voulut habiter en ce lieu* et ensemble avec la volonté fut produit l'effet » selon la loi des mondes intelligibles, et l'homme désormais « *habita en la forme privée de raison* », une forme qui, nous allons le voir, va souvent déchoir et devenir ce que François de Foix appela maintes fois, comme Baudelaire, « *corps difforme* ». En résumé, *c'est donc « ce misérable amour du corps (qui) fut cause de sa perdition et ruine, le conduisant à sujétion de mort* », ce que Baudelaire dépeint des couleurs du désespoir humain « au fond d'un cauchemar énorme ».

Et de même que l'Ange déchu de l'*Irrémédiable* cherche « par quel détroit fatal il est tombé dans cette geôle » qu'il sait n'être point son habitat originel, de même certains privilégiés, ajoute le comte de Foix, se remémorent « *le lieu dont ils sont venus et de quelle source* » ils tirent leur origine. Mais quelle que soit l'ardeur avec laquelle ils « désirent se joindre à Dieu et laisser l'abus des sens avec la matière (afin d') adhérer à l'Esprit et Vertus de Dieu », il leur « *est fait objection que l'homme* étant » affecté de libre-arbitre et de volonté « *a choisi* d'habiter, être sujet et adhérer à la matière plutôt qu'à l'esprit ». Ainsi la porte se referme inéluctablement sur leur prison terrestre.

Même tragédie de l'homme en quête de ses sources, de l'homme, comme dit le poète, « *cherchant la lumière et la clé* ». Mais qu'advient-il dès lors à cette âme désormais liée à la matière ? Quoi qu'elle fasse, elle est à présent « servante à la matière », dit le *Pimandre* (p. 90). Et si, dans quelques cas exceptionnels, elle connaîtra une « régénération » analogue au Salut — nous y reviendrons —, d'une façon générale « l'âme étant entrée dans le corps de l'homme, si elle demeure mauvaise, elle ne goûte (pas) l'immortalité et ainsi elle n'est (point) participante au Bien. Ainsi *se traînant en arrière* (elle) *reprend la voie qui la conduit aux reptiles.* »

A ce tournant, le livre hermétique insiste moins sur l'idée de mal en général que sur celle d'ignorance — qu'il considère, nous le verrons, comme le mal par excellence — qui introduira une solution originale du salut. Le maintien du mal n'est pas l'effet d'une volonté de perversion mais d'une passivité de l'être dans un certain ordonnancement de l'univers : cette involution, ce retour à « la voie qui... conduit (l'âme entrée dans le corps de l'homme) aux reptiles... est la punition de l'âme mauvaise », dit Mercure Trismégiste, « de tant que la mauvaiseté de l'âme est ignorance... et l'âme malheureuse s'ignorant elle-même, *elle sert aux corps difformes et mauvais portant son corps comme un faix auquel elle ne commande (point) mais lui obéit* » (p. 359).

Nous retrouvons ici avec le terme de « difforme » et celui de « reptiles », l'idée baudelairienne de la capture de l'âme et du poids d'un corps extérieur devenu chez le poète la lutte du nageur contre un gigantesque remous sans doute inspiré, comme le dit très justement Pommier[25], par E. Poe.

Bien mieux, comme pour préfigurer le tableau baudelairien du « *lieu plein de reptiles* » et de celui du « damné descendant sans lampe / au bord d'un *gouffre* dont *l'odeur* / trahit *l'humide profondeur,* / d'éternels escaliers sans rampe, / où veillent des

25. *Dialogues*, p. 161.

monstres visqueux / dont les larges yeux de phosphore / font une nuit plus noire encore », F. de Foix nous assure que *l'habitat terrestre de l'âme est « comparée aux reptiles comme étant les plus vils, ordures et sales, entre les animaux »*, car ils sont « animaux sales, rabaissés, *habitant ès lacs, cavernes, se traînant par terre ès-lieux plus sales qu'animal saurait habiter,* et non seulement constitués en la seule indignité et *souillure de leur fange et ordure,* mais qui plus est, *logés ès-lieux les plus éloignés des puretés divines ;* de tant qu'ils sont dans les *cavernes de terre produits de pourriture et infamie* » (p. 356).

Ajoutons enfin que l'idée de captivité de l'âme est sans cesse rappelée par le *Pimandre.* Sur la page page 731 on compte une douzaine de fois les mots « captif » et « captivité » où les Démons tiennent l'âme.

On ne peut donc douter que Baudelaire a trouvé dans ces pages du *Pimandre* bordelais les grandes lignes de son poème, l'essentiel de l'imagerie et du vocabulaire. On ne peut davantage douter qu'il adopte ici l'idée hermétique de la Chute. S'il est vrai que dans ses nombreuses réflexions sur la Chute que nous aurons à interroger, il recourt sans cesse à la terminologie biblique de « chute » et de « péché originel », François de Foix, dans ses commentaires abondants sur la tragédie de l'homme et de sa chute (pp. 25 à 58) transpose imperturbablement la doctrine hermétique dans une perspective chrétienne et ne cesse de parler de « péché », « volonté du péché », « conséquence du péché » originel. Et lorsque, par la suite, il rappellera cette genèse, il parle du « premier péché » (par exemple p. 522).

4. Source du titre des *Fleurs du Mal*

Épilogue de la chute selon le Trismégiste : « *Nature ayant embrassé ce qu'elle aimait, s'y est toute adonnée, et se sont entremêlés parce qu'ils s'entre-aimaient.* A cause de quoi entre tous animaux qui sont sur terre, l'homme est double : à savoir mortel, à cause du corps, et immortel, à cause de l'homme essentiel. Car étant immortel, et ayant la puissance de toutes choses, *il souffre ses parties mortelles être sujettes à* fatum *ou destinée.* Dont s'ensuit qu'étant supérieur à l'harmonie » des Planètes ou Sept Gouverneurs et leurs démons, « il s'est trouvé par l'harmonie » ou ordonnancement du monde — « disposition fatale » (p. 71) — qu'il a rompu « fait *serf* » (p. 51). Et dès lors

Oubliant sa fonction supérieure qui la reliait au divin, l'âme est désormais l'alliée du corps, faisant cause commune avec les tentations, Dès que la pensée s'en est allée de l'âme, « en cette heure-là que l'âme a rejeté sa sainte pensée, ayant perdu tout moyen raisonnable et bon jugement qu'elle voulait prendre en cette pensée, *l'âme ne voit ni oït mais est semblable à l'animal brut* ». C'est pourquoi le Trismégiste la « *compare au brut (comme) n'ayant (pas) plus d'esprit de Dieu que le brut* ». Il la compare à la jument, car un tel être, quoique joint à Dieu, est si changé que *Dieu ne le reconnaît plus « pour homme »*. Aussi l'homme ayant perdu « la pensée » a-t-il perdu tout espoir de salut, et inversement « la pensée » en l'homme est l'unique espoir qu'il peut entretenir d'être sauvé.

Chaînon entre le divin et le corps, avec ses sens et ses sentiments, « la pensée » extérieure, qui a pour aspect actif « l'intelligence »[8], peut être influencée aussi bien par Dieu que par les Démons : « *La pensée conçoit toutes connaissances, à savoir les bonnes, quand elle reçoit les semences de Dieu, et les contraires, quand c'est de quelque Démon...*, lequel furtivement insinuant, sème la semence de sa propre opération » (p. 292). Le corps, siège des sentiments et l'intelligence, étant « conjoints et non divisés... combien qu'ils soient de diverse nature », les démons trouvent dans le corps leur allié naturel, car « *le sensible est ennemi de l'intelligence, désirant son entière ruine* » (p. 283). Il importe donc de donner la primauté à « l'intelligence » et non aux « sentiments » : « *Ce sont les parties intelligibles qu'il faut mettre en œuvre, comme intelligence et connaissance, et non les sensibles,* ainsi laisser les sens le plus que l'on pourra séparer, pour n'en être empêché et distourbé de meilleure action. Ce qu'étant ainsi, dit Mercure, en toutes ces choses qui sont, il y a sentiment. C'est un argument qu'il prend pour montrer *l'excellence de la connaissance par-dessus les sens ou sentiment,* et nous insinuer que *nous nous devons toujours arrêter à la connaissance plus qu'au sentiment* s'il en est ainsi que la vertu de l'âme soit connaissance et que celui qui s'amuse aux sens, ouïe et paroles, combatte son ombre... Car *sentiment est la chose qui surmonte ou domine, et connaissance est fin de science...* Voilà comment les sens sont de si basse condition qu'ils sont surmontés de ce à quoi ils s'adressent. Et la connaissance au contraire surmonte le sujet auquel elle s'adresse, de tant qu'elle le comprend par entière science » (p. 364).

8. Festugière traduit le terme grec « noèsis » par « intellection ».

Aussi faut-il veiller à ce que l'intelligence demeure la barrière contre la dépravation : « *Nous devons bien prendre garde à l'emploi de cette intelligence, à ce qu'elle ne soit en nous emportée par la flatterie et fréquent abus des sens et retirée de son vrai état de contemplation* » (p. 283).

Pour peu que l'homme manque d'y veiller, il tombe en perdition, car si par « les effets des imperfections et mutations à ton âme (les démons) l'ont trouvée *endormie et non vigilante* », « les sens avec les désirs et concupiscences matériels et corruptibles ont plutôt gagné et obtenu la volonté de ton âme, que n'a ce bon Dieu » (p. 593). « *Combien de compagnies et continuité d'esprits ou Démons qui tous les jours sont parmi nous, faisant leur état ordonné de Dieu, de tant de manières qu'il nous faut toujours être en guet,* non seulement par un ou deux ou quelque nombre d'effet, mais *pour la continuité par laquelle ils s'entretouchent... et aussi être en continuel soin de n'être surpris par leur subtilité, ruse ou astuce* » (p. 177).

Voilà le seul chemin qui nous est ouvert, dès lors que « *la malice ou méchanceté de l'âme est ignorance :* à cause que l'âme sujet intelligible en l'homme a pour son principal état entendre ou connaître » (p. 362) : « car celui qui connaît est déjà bon religieux et presque divin » (p. 363). Autrement dit, le maximum que l'homme peut espérer en cette vie, c'est de rester étranger aux concupiscences qui assaillent sans cesse son corps, ne pas « coopérer » avec eux. De cette attitude bénéfique, Mercure et son commentateur nous livrent une description plus complète dans ce morceau dont la dernière phrase va nous surprendre par ses termes : « *Le débonnaire tolère toutes choses, sentant la connaissance :* car toutes choses sont bonnes à un tel homme, voire celles qui sont aux autres mauvaises. C'est-à-dire que l'homme débonnaire qui s'étant retiré devers Dieu, a recouvré la connaissance... tolère toutes adversités, sachant que la malice des hommes et imperfection des créatures matérielles sont toujours ennemies à l'homme débonnaire. Qui est cause... (qu'il) les laisse passer le plus patiemment qu'il peut... A cause de quoi toutes choses sont bonnes à un tel homme, c'est-à-dire qu'il a fait son propos, en usant comme il doit, car si elles lui sont accordantes à ses bonnes conditions elles lui servent de *soulagement,* et si elles lui sont répugnantes, elles lui servent d'entretenir la guerre : par le mépris desquelles il acquiert la couronne de *gloire* enfin » (p. 302).

Voilà rassemblés autour de l'idée de connaissance-conscience

éloignés de rejeter leurs sens hors d'eux et les renfermer ou assoupir pour *vaquer à la contemplation* » (p. 363). Il faut rejeter toutes les ivresses : « Où êtes-vous emportés, ô hommes *enivrés,* qui avez bu le pur propos d'ignorance, lequel vous ne pouvez porter ? Vomissez-le dès maintenant : soyez *sobres,* regardant des yeux de vos cœurs. Et si bien tous ne pouvez, *à tout le moins vous qui le pouvez.* Car la malice d'ignorance a noyé toute la terre et corrompu l'âme enclose dans le corps, ne permettant qu'elle arrive aux ports de sauveté. *Ne vous laissez donc pas aller en bas avec ce grand flux* », s'écrie Mercure (p. 248) et son commentateur interprète les mots « soyez sobres » : « *Retirez-vous de cette offuscation par laquelle vous êtes enivrés d'ignorance* et en aurez perdu le jugement et *cette connaissance qui vous devait servir avec piété de vrai chemin* » (p. 249). Celui qui connaît ainsi le vrai chemin « étant fait plein de tous biens, il abonde d'intelligences divines *non semblables à celles du commun...* qui met toute son étude et emploie toutes ses intelligences et moyens plutôt au gain qu'à la piété... A cause de quoi ceux qui ont cette connaissance acquise par piété, religion, ou pure affection de son devoir, *ne plaisent ou sont agréables au commun ou vulgaire, ni le vulgaire à eux* » (p. 299).

On le voit, pour le *Pimandre* comme pour Baudelaire, de la brute naturelle ou du vulgaire à l'homme retiré, contemplatif ou dandy, il y a tout le chemin qui mène du mal naturel se vautrant à l'Esprit qui souffre dans la dignité.

Ainsi les explications successivement proposées du dandysme baudelairien ne rendent jamais véritablement compte de sa place dans l'univers du poète. Passons sur la démonstration psychanalytique de Laforgue[15]. Car même dans la mesure où elle pourrait éventuellement répondre à une part de vérité médicale, elle ne nous renseigne en rien sur le sens philosophique que Baudelaire y attachait, donc est stérile pour l'éclairement de son œuvre, en nous parlant de mythomanie, maniérisme, voire même de masturbation, le tout issu, comme barrière, d'un amour incestueux. Mais les autres critiques ne sont guère plus heureux. Flottes[16], concédant que ce n'est pas une simple affectation du costume, voudrait y voir « tout au plus une contre-morale ». Il se rapproche un peu plus de la vérité en constatant[17] que le « dandy ne saurait jouir de façon tourmentée ou

15. *Op. cit.*
16. *Baudelaire, l'homme et le poète,* p. 32.
17. *Op. cit.,* p. 79.

frénétique... (il) doit se taire et comprimer les élans *naturels* de son être ». D'autres ont senti qu'on ne se débarrasse pas si aisément de l'énigme. Ernest Raynaud[18] déjà voyait dans le dandysme une doctrine spiritualiste et esthétique, et, si Stanislas Fumet[19] tranche « le chrétien est un super-dandy », tandis que François Porche[20] ne veut voir dans le dandysme du poète qu'une obstination injustifiable, Gonzague de Reynold[21] entend lui aussi qu'il « implique toute une conception de la nature, de la vie, de l'homme, et il s'en dégage une morale doublée d'une esthétique ». Sortant de ces généralités, Crépet[22] cerne mieux le problème sans toutefois apercevoir la portée métaphysique du dandysme : « Le choix du dandy... s'opère à l'inverse du chrétien », lequel déchoit en cédant au diabolique amor sui, tandis que le dandy « se dégrade au contraire quand il brise l'unité de sa propre concentration, quand il sort de l'auto-idolâtrie ». Et d'estimer que Baudelaire n'a jamais pris parti entre ces deux alternatives. Sartre[23] aperçoit, il est vrai, un lien entre la « conscience dans le mal », « l'anti-naturalisme » et le dandysme : « Lucidité, dandysme, autant de formes que prend ce couple " bourreau-victime " (de *l'Héautontomirouménos*) », mais c'est pour y rencontrer un aspect visible de l'auto-punition psychanalytique, une « barrière », dirait le Dr Laforgue. Quant à Vouga[24], tout en polarisant à tort toute la pensée de Baudelaire autour de l'idée maistrienne de la dégradation de l'univers, il se borne à rattacher vaguement le dandysme à « la volonté ou (au) désir de ne pas succomber au mal, de s'efforcer vers un mieux ».

Toutes ces intuitions plus ou moins heureuses n'atteignent pas le fond du problème.

3. Patience et volonté

Sur tous les plans, « la lucidité dans le mal », la « conscience dans le mal » sont décisives pour Baudelaire, forment l'unique barrière concédée à l'homme pour ne pas tomber au plus bas

18. *Baudelaire et la religion du dandysme* (Paris, 1918).
19. *Notre Baudelaire,* p. 194.
20. *Baudelaire,* p. 211.
21. *Charles Baudelaire* (Crès, 1920).
22. Éd. crit. *Fleurs du Mal,* p. 234.
23. *Op. cit.,* p. 153 *passim.*
24. *Baudelaire et Joseph de Maistre,* p. 140.

de l'échelle, au rang de la brute. « La centralisation du moi, tout est là », l'hyperconscience au milieu de l'universelle corruption, voilà l'unique espoir de l'homme.

Tout pareillement, le Trismégiste nous appelle à « combattre toutes (les) inclinations (malicieuses), vouloir contre vouloir, espérance contre espérance et soi-même contre soi-même, oubliant cette naturelle qualité par laquelle l'homme aime uniquement soi-même », c'est-à-dire la satisfaction de ses concupiscences qui tendent à le « distraire » de l'objectif, la vigilance de l'esprit. S'il est vrai qu'il ne peut, de par sa condition d'homme, atteindre la perfection, du moins s'appliquant ainsi « il est *moins mauvais, (ce) qui est le plus grand degré que l'homme peut atteindre au travail de cette vie de soi retirer du mal* » (p. 362).

Au premier degré de ce travail, le Trismégiste place la « patience » que « le prud'homme » oppose aux assauts de « la destinée » et des démons qu'il doit « laisser passer le plus patiemment qu'il peut » (p. 303). Car l'homme qui a quitté « la sainte pensée », non seulement est soumis tout entier aux actions de la fatalité, sa volonté ne résistant plus ; mais en raison de cet affaiblissement de la volonté « la destinée lui suscite par le moyen des sens » quelques « contrariétés ou résistances combattant sa volonté ». De manière que « cette pauvre âme dénuée de tout bon conseil, ayant quitté les vertus de sa sainte pensée, ne trouve en soi la vertu de patience : ainsi *par impatience tombe en blasphème et malédictions* qui lui font une assemblée très dangereuse pour le temps à venir » (p. 516).

Et même le « prud'homme » sachant que « le bien dans l'homme est très relatif n'étant pur (que) ce qui n'est pas fort mauvais », le bien pur étant impossible « de tant que le corps matériel contraint de toutes parts de malices, peines, douleurs, convoitises, affectations, déceptions, opinions malsaines, ne le peut contenir (pp. 229-230), ce « prud'homme » donc court un même danger d'impatience et de répugnance. « *C'est la répugnance qu'il trouvait en la loi de ses membres contre la loi de son Esprit et Pensée divine,* qu'il avait reçue, concluant après plusieurs disputes de cette guerre, qu'il avait en lui, *qu'il servait* de sa pensée à la loi de Dieu, et *de sa chair à la loi de péché. N'était-ce pas assez pour souiller en lui, et maculer ce parfait bien, s'il était contraint de servir par sa matière et chair corporelle à la loi de péché et pour ne le pouvoir conserver en son vrai nom et dignité ?* » (p. 233).

On ne saurait plus exactement résumer l'épilogue de *Un voyage à Cythère* décrivant le répugnant spectacle du corps et de l'âme humaine soumis aux inéluctables concupiscences et leurs corruptions qui font de nous un cadavre corrodé par le vice[25]. Après Perdizet[26], Jean Pommier[27] a rappelé que ce poème fut inspiré par le pythagorisme de Gérard de Nerval. Cela n'explique pas tout. Le poète s'écrie :

> Dans ton île, ô Vénus, je n'ai trouvé debout
> qu'un gibet symbolique où pendait mon image.

Et en face de ce spectacle désespérant de notre nature corrompue, il exprime cet unique vœu qui rejoint presque jusqu'aux mots le commentaire de F. de Foix :

> Ah ! Seigneur ! donnez-moi la force et le courage
> de contempler mon cœur et mon corps sans dégoût !

Le poète et l'hermétiste ont perçu le même péril pour le sage et ils l'exhortent pareillement à soutenir l'immonde spectacle, car F. de Foix poursuit : « L'homme qui aura mis quelque étude à soi reconnaître trouvera bien qu'il n'y a capacité en sa matière... de contenir ce bien en sa perfection, et sera beaucoup s'il peut recouvrer ce nom de bonté sans effet qui se donne pour n'avoir qu'une très petite partie de mal laquelle ne le peut contenir, à cause de tant de misères qui ont déjà saisi la place, avec lesquelles cette purité de bien ne peut résider. » Que de force et de courage il lui faudra pour atteindre ce « beaucoup » ! [28].

25. Georges Blin (*Le Sadisme de Baudelaire,* p. 32) estime que dans ce poème Baudelaire « nous fait passer naturellement du monde de la férocité animale à celui du supplice infligé par des tortionnaires humains » !

26. P. Perdizet, *Baudelaire. Un Voyage à Cythère* (Rev. d'Hist. litt. de France, 1925, p. 430).

27. *La Mystique de Baudelaire,* p. 18.

28. Dans une imagerie voisine qu'on retrouve chez Baudelaire, Mercure Trismégiste incite son disciple à quitter son ignorance qui est « vive-mort, charogne ayant sentiment » (p. 254). N'est-ce pas une préfiguration de l'épilogue de *Une charogne* à propos de laquelle les critiques ont cité maint passage biblique ? On se rappelle qu'après une description réaliste d'une charogne pourrissant au bord du chemin, le poète dit à l'aimée :

> Et pourtant vous serez semblable à cette ordure...

Puis, débouchant sur l'apothéose :

> ...j'ai gardé la forme et l'essence divine
> de mes amours décomposées !

Loin de signifier que dans son « masochisme » Baudelaire « se délecte à imaginer l'Incorruptible en décomposition » (Blin, *Le Sadisme de Baudelaire,*

4. Deux postulations

« Il y a dans tout homme, à toute heure, deux postulations simultanées, l'une vers Dieu, l'autre vers Satan. » Cette réflexion introduit, dans *Mon Cœur mis à nu,* la note sur l'opposition entre « l'invocation à Dieu » et « la joie de descendre » à laquelle se rapportent les amours pour les femmes et les conversations intimes avec les animaux. Elle a fait couler beaucoup d'encre par sa similitude avec un aspect de la doctrine chrétienne (Ruff) ou de la doctrine de Joseph de Maistre (Vouga)[29]. En fait, elle résume la doctrine hermétique dont nous savons maintenant qu'elle révèle le constant assaut des démons en l'homme aux entreprises desquels la pensée ou sainte pensée infléchie par Dieu cherche à toute heure à s'opposer. Bien mieux, dans un aspect de l'hermétisme que pour la clarté de l'exposé j'ai laissé dans l'ombre, les démons eux-mêmes sont ambivalents.

Éludant ou voilant un détail embarrassant de l'enseignement du Trismégiste, François de Foix nous apprend que « ces démons portant par leur efficace les actions célestes, ne les portent pas tous mauvaises et inclinant aux vices, mais en portent d'aucunes qui inclinent à diverses vertus » (p. 724). Tout bien pesé, ces « démons » n'ont rien de commun avec leurs homonymes bibliques. Le commentaire qui annonce les développements d'Esculape (p. 293) ne cesse de parler de « démons ou esprits » et même parfois d' « anges ». Fort voisins des daïmonès grecs, les « démons » alexandrins sont « illuminés de Dieu »[30] de qui ils tiennent charge d'exécuter les desseins selon la nature de chacun. Au dire d'Esculape, ils sont « bons ou mauvais de leur nature », c'est-à-dire de leurs « efficaces » ou « effets ». Il s'en

p. 43), ces vers rappellent l'inanité de tout corps, fût-ce « la reine des grâces, / après les derniers sacrements », car il est fait de mal, de même que la « couverture d'ignorance... vive-mort, charogne ayant sentiment » à quoi s'opposent dans les termes mêmes « la forme et l'essence divine » que l'aimée n'a pas.

29. Les notions « Dieu » et « Satan » ne signifiant rien pour lui, Sartre aperçoit essentiellement dans la double postulation un « écartèlement » de l'esprit de Baudelaire entre deux forces opposées dont chacune « poursuit au fond la destruction de l'humain, puisque l'une vise l'ange, l'autre l'animal » (*Baudelaire*, pp. 43 et 91).

30. « C'est le Démon illuminé de Dieu », traduit exactement le texte grec « tô hypo toû Theoû nephôtismenô daimoni » que Festugière (*op. cit.*, p. 97) considère comme une interpolation et ne transcrit pas.

trouve même « quelques-uns d'entre eux mêlés de bien et de mal ».

Tout à l'opposé de la conception mazdéenne et chrétienne de l'Adversaire, du Contradicteur de Dieu agissant contre les volontés célestes, se donnant pour tâche d'empêcher l'accomplissement du salut et des desseins de la Providence, les « démons » alexandrins sont, on l'a vu, les émissaires du destin, donc des volontés célestes ; ils sont « tous esprits administratoires » et ont mission de contribuer au salut. « Les bons attirent (les hommes) au bien, les mauvais les chassent » (entendons : pourchassent) « par les châtiments et peines du mal et par ainsi tous peuvent servir au salut » (p. 293), première annonce du mécanisme des « vengeurs » avec lequel nous nous familiariserons bientôt.

« *Ces démons communiquant aux corps humains leurs effets... tentent l'âme en ses deux parties, l'incitant à deux diversités, soit à bonnes actions en sa partie raisonnable, soit aux mauvaises en sa partie déraisonnable et sujette aux concupiscences* » (p. 726). N'est-ce pas presque jusqu'aux termes la formule baudelairienne des « deux postulations » ? Et ne doit-on pas y chercher l'arrière-pensée du poète quand il écrit dans ses notes sur Edgar Poe, songeant à la postulation satanique : « Il y a dans l'homme une force mystérieuse... Sans ce penchant primordial, une foule d'actions humaines resteront inexpliquées, inexplicables. Ces actions n'ont d'attrait que *parce qu*'elles sont mauvaises, dangereuses ; elles possèdent l'attirance du gouffre. Cette force primitive, irrésistible, est la Perversité naturelle, qui fait que l'homme est sans cesse et à la fois homicide et suicide, assassin et bourreau » ?

Mais c'est aussi, et au premier chef, l'affirmation de cette unité métaphysique des principes créés et incréés que Baudelaire suggère en apercevant dans la dualité « la conséquence » de l'unité. Plus pessimiste, certes, que le *Pimandre,* il sait pourquoi il pose cette angoissante question dans *Edgar Poe* : « Existe-t-il donc une Providence diabolique qui prépare le malheur dès le berceau, — qui jette avec *préméditation* des natures spirituelles et angéliques dans des milieux hostiles, comme des martyrs dans les cirques ? » La double postulation est inscrite dans le fait de l'existence à partir de la tentation du « difforme » déclenchant, par le *fatum* auquel s'est dès l'origine soumis Dieu, l'emprise du Mal : la préméditation est là.

C'est donc à tort que Milner[31] ne peut apercevoir dans les deux postulations que « la bipartition traditionnelle entre l'esprit et la chair, entre le royaume de Dieu et le monde ou royaume de Satan », ce qui au demeurant ne serait pas une assez grande découverte pour que le poète éprouvât le besoin de la consigner dans ses écrits intimes.

5. L'ennemi

Cette expression baudelairienne a décontenancé les critiques. Elle sert de titre au Sonnet X de *Spleen et Idéal,* s'achevant par ce tercet :

> — O douleur ! ô douleur ! Le temps mange la vie,
> et l'obscur Ennemi qui nous ronge le cœur
> du sang que nous perdons croît et se fortifie.

Pour Crépet[23] cette pièce est essentiellement autobiographique — et je veux bien admettre que le « remplissage » des strophes précédentes soit fait d'un retour sur des événements personnels. Cela n'est pas primordial. Le message éclate dans les derniers vers sur le sens desquels on se bat. Qu'est-ce ici que ce « temps » qui, dans *Le Voyage,* dernier poème des *Fleurs du Mal,* est « l'ennemi vigilant et funeste » ? Par-delà l'interprétation banale d'un André Ferran[33] pour qui c'est « la nourriture du temps qui comme un vampire nous épuise et tire sa force de notre substance même », Crépet, rejetant les équations Ennemi-Satan et Ennemi-angoisse de la mort, hésite entre l'avis de Legras[34] : l'Ennemi c'est l'Ennui, et l'équation Ennemi-Remords, car, se flatte cet auteur, le Remords étant « ennemi de notre repos », cette interprétation « s'accorde parfaitement tant avec le sens général du sonnet qu'avec les inquiétudes marquées dans les extraits de la correspondance » du poète, d'autant que dans *L'Irréparable* le Remords se trouve dénoncé comme le « vieil ennemi ». Ruff[35] élude le problème en attribuant nos vers à « des circonstances accidentelles » ; et Milner[36] ne sachant, lui non

31. *Le Diable,* II, p. 441.
32. Éd. crit. *Fleurs du Mal,* pp. 312-313.
33. Préface aux *Poésies choisies.*
34. *L'Ennui baudelairien,* p. 295.
35. *L'esprit du mal,* p. 295.
36. *Le Diable,* t. II, p. 467.

plus, que choisir, propose d'assimiler l'Ennemi à la fois au temps et au Diable.

Le *Pimandre* résout l'irritante énigme. Dès le premier chapitre exposant la Chute, François de Foix, nous rappelant le livre de Job, dit : « La vie de l'homme est dite un combat... de tant que bien qu'il puisse résister (au mal), si est qu'il ne peut totalement vaincre et annihiler *son ennemi* en ce monde à cause *qu'il le porte toujours avec soi en sa chair et matière* » (p. 54). Les lignes qui précèdent expliquent — avec une référence du commentateur au Christ — qu'il y a guerre entre l'Esprit et la matière dans laquelle nous sommes pris désormais. Plus loin, Mercure Trismégiste ayant incité son fils Esculape à suivre le chemin de la sobriété — où nous avons reconnu la voie du dandy —, s'exclame : « Arrivez (à la porte du salut) et cherchez qui vous pourra précéder, comme vous menant par la main aux portes de connaissance, là où est la claire lumière, pure de ténèbres où aucun n'est enivré, mais tous y sont sobres, regardant du cœur à celui qui veut être vu », c'est-à-dire Dieu. Et dès lors il adjure Esculape de « rompre *la robe* que tu portes, couverture d'ignorance, fermeté de malice, lien de corruption, parc de ténèbres, vive mort, charogne ayant sentiment, sépulcre porté entour soi, larron domestique, qui hait parce qu'il aime[37] et porte envie parce qu'il hait » (p. 254). Or, à la section suivante Mercure proclame : « Telle est *la robe ennemie* de laquelle tu es vêtu, qui te serre dans toi-même... ayant connu les embûches par lesquelles elle t'a épié lorsqu'elle a fait insensibles les choses que l'on pensait et semblaient être sensibles : *les environnant de beaucoup de matière, et remplissant d'abominables voluptés afin que tu n'aies ce qu'il te faut ouïr et que tu ne voies les choses qu'il t'est besoin de regarder* » (p. 258). Et après ce véritable commentaire du sonnet, semblant paraphraser les mots « l'obscur Ennemi qui nous ronge le cœur / et du sang que nous perdons croît et se fortifie », François de Foix développe ainsi le verset : « Vrai est que cette malicieuse couverture et robe te vient bien, à cause de ta matière, qui par ses tentations et concupiscence macule la volonté en l'âme ; mais ce n'est pas

37. On remarquera cette expression. Combien de fois n'a-t-on cherché des explications sadiennes à l'accouplement incessant, dans la pensée baudelairienne de l'amour et de la haine, jusqu'à cet aveu à Mme Sabatier dans *A celle qui est trop gaie :* « Je te hais autant que je t'aime. » En dernier, Blin, *Le Sadisme de Baudelaire,* p. 15 *passim.* Nous voyons ici le sens métaphysique de la formule que le poète emprunte à l'hermétisme.

pourtant : car ta matière te couvre, environne et serre par le dehors, mais *cette robe d'ignorance te serre et presse bien fort par le dedans en toi-même et ta volonté, c'est-à-dire en ton âme et tâche de gagner les devants en elle, et se saisir de la forteresse* qui est la volonté » puisque l'ignorance « serait aise de dilater et élargir ses effets » (p. 259). Dans la suite de son raisonnement le comte de Foix montre comment l'ignorance illusionne l'homme « *pour le trahir et tromper* » puisque l'homme « ne peut contredire aux douceurs et plaisirs des choses matérielles ou sensibles que rapportent les sens à son âme : laquelle *n'ayant connaissance de sa ruine portée par les sens, s'en réjouit et en reçoit les plaisirs... vrai abus qui le mène à ruine et perdition* » (pp. 258-260).

Ainsi l'Ennemi n'est ni le Temps, ni la Mort, ni l'Ennui ; c'est l'Ignorance au sens métaphysique de participation inconsciente au mal, défaut de jugement.

On retrouve le terme toujours dans le même sens en divers autres endroits du *Pimandre,* particulièrement, et cette fois sous forme de substantif, au chapitre VI relatif à l'universalité du mal. Commentant un verset déjà partiellement cité [38] où Mercure proclame que de par sa nature imparfaite l'homme ne peut posséder le bien, étant livré à toutes les peines et corruptions, « le pire de tout » étant toutefois « qu'il est tenu (pour) certain ici chacune des choses susdites », les convoitises, etc., « être un très grand bien », F. de Foix constate : « C'est le signe que l'homme qui a cette estime (= opinion) et très mauvais jugement d'estimer pour un très grand bien ce qui lui est vrai *ennemi* en ce qu'il participe de ce parfait bien, et *qui de toutes ses forces tâche à ruiner en l'homme* ce qu'il tient de la part de Dieu et son image » (p. 233) [39].

6. La damnation baudelairienne

S'il est vrai qu'aussi bien pour le Trismégiste que pour Baudelaire l'important est d'exercer la « vigilance » de l'esprit, de rester conscient jusque dans le mal, l'homme ainsi disposé va-t-il pour autant échapper aux misères de sa condition ? Pour-

38. *Supra,* p. 66.

39. Autre exemple : « la matière qui est à (nos intelligences) vraie ennemie » (p. 186).

quoi Baudelaire affirme-t-il même à sa mère « je crois que ma vie a été damnée *dès* le commencement, et qu'elle l'est *pour toujours* » (c'est lui qui souligne) (lettre du 4 décembre 1854) ?

Guère moins optimiste, Mercure enseigne au chapitre XII dont nous tirerons bien d'autres matières : « *Le prud'homme,* ô mon fils, *non adultère souffrira toutefois comme adultère, ni fera homicide mais il souffrira comme l'homicide* ». Et F. de Foix explique « car le prud'homme tout éloigné d'adultère et de tout consentement de tentation, ce néanmoins il souffrira en son corps et matière toutes influences qui ont accoutumé de lui susciter le crime d'adultère, par les sens, et qui ont accoutumé d'en enflammer les concupiscences dans les vrais adultères. L'homme non adultère sentira et souffrira en sa personne et partie corporelle, les mêmes actions que souffrira le vrai adultère. Et celui qui ne fera pas homicide, en sentira et souffrira autant que le vrai homicide, de tant qu'ils sont tous corps sujets à même action céleste en tant qu'ils sont sensibles, sur lequel disposition fatale a été constituée. *Il est impossible de fuir à la qualité de la transmutation* » (p. 517).

C'est dans cette impossibilité que réside la fatalité. Et Baudelaire la ressent comme une damnation « pour toujours ». Quoi que fasse l'homme en bien ou en mal, il est condamné du fait de sa condition d'homme à subir et souffrir. La plupart des commentateurs de Baudelaire, et avant tout Crepet et Milner, l'ont très justement senti : c'est de cette sujétion que se plaint le poète ; mais ils ont eu le tort de lui imputer un sentiment de culpabilité personnelle[40] qu'ils semblent induire de la notion de péché originel.

40. De même pour Ruff (*L'esprit du mal*, p. 264). Pour Sartre (*Baudelaire*, p. 94) « il a choisi de se sentir coupable. C'est à travers le remords qu'il réalise une unicité et sa liberté de pécheur ».

CHAPITRE IV

LES VENGEURS DE LA MATIÈRE

Le mystérieux poème *L'Héautontimorouménos,* c'est-à-dire celui qui se punit lui-même ou celui qui se venge de lui-même ou plus littéralement le bourreau de lui-même, est sans doute le morceau baudelairien le plus débattu de tout le recueil. On a pensé y déceler tour à tour du sadisme, du masochisme, de l'ironie, de l'auto-accusation, somme toute les divers lieux communs qu'on impute à toutes les avenues de la pensée baudelairienne [1].

Baudelaire, pense-t-on sans doute à juste titre, a emprunté le terme au IIIe Entretien des *Soirées de Saint-Pétersbourg* où Joseph de Maistre [2], très familier au poète — « De Maistre et

1. Sur les diverses opinions et le sens du poème, *infra,* p. 112.

2. On doit se demander si ce n'est pas tout simplement dans le *Poïmandrès* que Joseph de Maistre a puisé une bonne partie de ses idées dans la mesure où elles rejoignent celles de Baudelaire — que Vouga *(op. cit.)* veut à tort en rendre intégralement tributaire. On ne peut s'empêcher de mettre en parallèle, par exemple, certains versets du *Pimandre* et ce fragment du IIe Entretien des *Soirées de Saint-Pétersbourg :* « Vous n'éprouverez nulle peine, j'espère... à concevoir qu'une intelligence originellement dégradée soit et demeure incapable (à moins d'une régénération substantielle) de cette contemplation ineffable que nos vieux maîtres appelèrent fort à propos *vision bénéfique... ;* tout comme vous concevrez qu'un œil matériel, substantiellement vide, peut être incapable, dans cet état, de supporter la lumière du soleil. Or, cette incapacité de jouir du SOLEIL est, si je ne me trompe, l'unique suite du péché originel que nous soyons tenus de regarder comme naturelle. » Le Soleil joue ici le même double rôle que dans le *Pimandre* où il est à la fois « l'ouvrier (qui) manie le ciel et la terre » et « le réceptacle » de toute « essence intelligible » (chap. XVI) tout en servant d'intermédiaire entre « le rayon de Dieu » et l'imperfection humaine qui assurera à Tat la béatitude du ravissement, en quoi l'âme verra « le rayon (divin) livré (en elle) par (l'entremise) du Soleil » avec majuscule.

Edgar Poe m'ont appris à raisonner» *(Fusées)* —, cite Leibnitz : « En faisant même abstraction des autres peines que Dieu décerne dans ce monde à la manière des législateurs humains, il ne se montrerait pas moins législateur dès cette vie, puisque, en vertu des lois seules de la nature qu'il a portées avec tant de sagesse, tout méchant est un Héautontimoroumenos. » Et quelques lignes plus bas, de Maistre propose une interprétation du terme grec : « Tout méchant étant... en vertu des lois naturelles, un BOURREAU DE LUI-MÊME. » Dans le même entretien, il cite un mot du P. Berthier : « Nos passions sont nos bourreaux. » [3]

On n'en saurait douter ; tout cela fut dans la pensée de Baudelaire, lorsqu'il conçut son poème. Il a lu et médité les *Soirées*, il a placé Joseph de Maistre à côté des Alexandrins pour définir la « religion universelle ». Mais ce rapprochement maintes fois exploité ne nous offre qu'un accès incertain et obscur ou trop banal aux intentions de vers assurément très chargés de signification.

1. Le fouet des pécheurs

Le *Pimandre* s'étend avec une particulière insistance sur la tâche principale des démons qui dans le cosmos ont mission d'exécuter les « vengeances » — c'est ainsi que le comte de Foix traduit le terme grec timôria, de même qu'il transcrit timôros par « vengeur » et non « bourreau » que préfère J. de Maistre [4] — : « C'est aux dieux de faire bien ; aux hommes de révérer les dieux

3. Cette doctrine sort tout droit du *Poïmandrès* (XII, 4 et XIII, 7), spécialement d'un passage que nous allons mettre à contribution dans la version de F. de Foix. Dans la version grecque nous assistons à ce dialogue entre Hermès et son disciple :

— Katharai *seauton* apo tôn alogôn tès hylès *timôriôn.*

— *Timôrous* gar *en emautô* echô, ô pater ?

— Ouk oligous, ô teknon, alla kai phoberous kai pollous.

« — Purifie-toi de tes irrationnels BOURREAUX DE LA MATIÈRE.

» — Ai-je donc des BOURREAUX EN MOI-MÊME, ô mon père ?

» — Et pas en petit nombre, ô fils, mais et terribles et nombreux. »

Suivra toute la doctrine des bourreaux ou vengeurs qui amènent le châtiment et la régénération par un mécanisme naturel annoncé déjà en XII, 4 : Aux âmes qui « jamais ne trouvent satiété dans leurs vices... Dieu a imposé la loi (nomon) comme bourreau (timôron) et conviction ». Ce sont les mots mêmes de J. de Maistre.

4. Festugière traduit tantôt « punition », tantôt « bourreaux ».

et aux Démons de faire les vengeances » (p. 705). Dans ce rôle, François de Foix les appelle souvent « vengeurs de la matière » ou « vengeur (qu'on porte) en soi-même » :

« Purge-toi des déraisonnables vengeurs de la matière, conseille Mercure à son fils Tat qui répond :

» — Ai-je donc des vengeurs en moi-même, ô mon Père ?

» — Non pas peu, ô mon Fils ; mais et horribles et plusieurs » (p. 591).

Qui sont-ils ? Comment opèrent-ils ? Comment l'homme pourra-t-il s'en débarrasser ?

Comme les « démons » en général ils sont « toute (une troupe », mais non pas en nombre indéfini, au moins comme catégorie : ils sont de douze sortes. Mercure les énumère en suivant un ordre à première vue surprenant mais qui répond à une gradation encore observée dans les philosophies d'Extrême-Orient, allant de la responsabilité décroissante à la brutalité croissante : « Ignorance, tristesse ou deuil ou ennui, dissolution, convoitise, injustice, avarice, suasion. » Ce dernier terme désigne « un moyen d'induire et attirer à soi l'avis, opinion et volonté d'autrui pour le faire condescendre et consentir à la chose proposée » ; ce n'est que quand « la suasion a parachevé son entreprise (qu') elle s'appelle alors persuasion » (p. 595). Suivent « Envie, fraude, ire, témérité, mauvaiseté... qui comprend toutes les autres (car) c'est malignité, malice, mauvais vouloir et affection... contre (les) créatures. » A noter que si — comme dans le bouddhisme — l'ignorance vient en tête, c'est parce qu'elle est le « fondement de tous les vices » (p. 507). Ne connaissant pas la voie du salut, l'homme devient le jouet de toutes les concupiscences.

On ne peut s'empêcher de rapprocher de ce texte la « ménagerie infâme de nos vices » que Baudelaire inscrit au frontispice de son recueil et qui débouche sur l'Ennui figurant, là comme ici, en bonne place : « La sottise, l'erreur, le péché, la lésine. » Sottise et erreur correspond à l'ignorance, premier « vengeur ». Le « péché » de chair répond à « dissolution » suivie de « convoitise » qui fait écho à « lésine ».

Quand et comment interviennent les vengeurs ?

Lorsque par son adhésion, l'âme coopère avec le corps livré aux concupiscences, la « sainte pensée » la « délaisse » et l'âme « conjointe au corps » est « par lui tourmentée en bas » (p. 407), il se produit alors un phénomène irréversible : « *Lâchant les convoitises desquelles elles sont emportées par violence d'appétit, tendant à brutalité, comme l'appétit déraisonnable des animaux, elles s'enflamment d'ire déraisonnablement, et convoitent déraisonnablement et jamais n'ont satiété de mal faire.* Car les émotions et convoitises déraisonnables sont malices surmontant toutes autres. *A ceux-là, Dieu a proposé la loi comme vengeur et châtieur* » (p. 504). Expliquant plus concrètement l'œuvre des vengeurs, F. de Foix complète : *les sens « tiennent (les vengeurs) semés parmi tes voluptés et plaisirs,* et par ceux-là ils te tiennent en leur sujétion. Et ainsi toutes (les) fois *ils opèrent et exécutent en toi la vengeance de la faute* que tu fais d'accorder la volonté à leurs abus et concupiscences, et te détiennent captif et lié par leurs fraudes et déceptions » (p. 592).

La volonté, voilà une fois de plus le seuil entre le salut et la perte. François de Foix ne cesse d'y insister : si, dit-il dans un passage dont j'ai déjà cité le début, par « les effets de ces imperfections et mutations à ton âme (les démons) l'ont trouvée endormie et non vigilante », éloignée de l'état de veille et d'hyperconscience, « les sens avec les désirs et concupiscences matériels et corruptibles *ont plutôt gagné et obtenu la volonté de ton âme,* que n'a ce bon Dieu. Dont s'est ensuivi que par la *tolérance et persistance qu'elle a fait à les écouter et consentir en eux, elle a produit en soi tous ces cruels vengeurs qui exercent vraie justice des défauts* qu'elle a fait d'écouter les sens » (p. 593). Cette voie d'accès du vice et des « vengeurs » est toute voisine de celle du « Satan Trismégiste » baudelairien qui pour nous captiver et nous entraîner dans la perte « berce longuement notre esprit enchanté », par ses fraudes et déceptions et qui vaporise « le riche métal de notre volonté ».

Le *Pimandre* poursuit : « Ces vengeurs te détiennent captif et lié par leurs fraudes et déceptions et si subtiles dolosités qu'ils te présentent toujours un plaisir ou volupté pour *t'amener en dix fois autant de peine par laquelle ils exécutent sur toi la vengeance de la faute que tu as faite de les croire et leur donner ton consentement* » (p. 591). Voilà donc l'enchaînement démoniaque auquel nous sommes soumis par l'ordonnancement de l'univers. « Ce n'est pas que la pure et simple exécution de la partie basse de nature, disposant seulement des matières et choses corporelles ; mais c'est que Dieu, ordonnant et disposant la loi baillée à nature, il y a usé cette *justice et merveilleux ordre par lequel en toute ordonnance de cette prudence divine, le droit est si saintement observé qu'il fait la punition... par les mêmes choses par lesquelles le péché aura été commis* » (p. 506).

Cette loi, n'est-ce pas celle-là même que Baudelaire formule dans les *Femmes damnées* (CXXXI) ?

Et votre châtiment naîtra de vos plaisirs.

Comment les « vengeurs » exécutent-ils leur tâche infernale ? L'homme est dès sa naissance prédisposé pour la dépravation : « Toute âme étant mise dans un corps est incontinent dépravée par tristesse et volupté à cause que *d'un corps composé les bouillons de tristesse et volupté sourdent comme humeurs dans lesquelles l'âme entrant est plongée*... De tant que l'état de la matière est inconstant, *ces plaisirs et voluptés ne faillent jamais à produire leur contraire, et d'autant plus puissant* que les plaisirs comme la composition se trouve plus favorisée en mal qu'en bien... (ce) qui est cause que l'*âme s'amuse à ces mutations en espérant toujours retirer quelque volupté, se trouve dépravée et empirée,* voire étroitement liée dans ces las et *continuels désirs et appétits* de superfluités matériels, *oubliant Dieu* » (p. 499). Ainsi égarée, l'âme ne cesserait de tomber plus bas et d'achever sa ruine, n'était le mécanisme des « vengeurs » qui intervient ici.

Il déclenche deux phases successives. Voici la première : « Il est ordonné en la Pensée... faite Démon (de) prendre un corps de feu pour les services de Dieu. *En entrant dans une très mauvaise âme il la fouette des fouets des pécheurs desquels la mauvaise âme étant battue retourne à meurtres, outrages, mauvais propos et diverses violences* par lesquelles les hommes reçoivent injure » (p. 395). Et cette nouvelle chute par les douleurs qu'elle ne manque pas de susciter amènera la rédemption du sujet, en une seconde phase que nous aborderons plus loin. De la première, l'apostrophe finale des *Femmes damnées* (CXXXI) fournit comme un tableau d'ensemble où foisonnent non seulement les images du *Pimandre* mais les termes des divers passages qu'on vient de lire (fouetter, plonger, bouillon...) outre l'idée d'un perpétuel accroissement du désir entraînant une dépravation sans cesse accrue, déjà souligné ailleurs par les mots « jamais n'ont satiété de mal faire » :

Descendez, descendez, lamentables victimes,
descendez le chemin de l'enfer éternel.
Plongez au plus profond du gouffre, où les crimes
flagellés par un vent qui ne vient pas du ciel,

bouillonnent pêle-mêle avec un bruit d'orage.
Ombres folles, courez *au but de vos désirs ;*
jamais vous ne pourrez assouvir votre rage,
et votre châtiment naîtra de vos plaisirs.

.. ..
et le vent furibond de la concupiscence
fait claquer votre chair ainsi qu'un vieux drapeau.

...Faites votre *destin,* âmes désordonnées,
et *fuyez l'infini* que vous portez en vous.

On comprend mieux dès lors ce passage de *l'École païenne* (1852) — comme aussi l'origine du terme « loi » — : « Telle est la loi de la vie que, qui refuse les jouissance pures de l'activité honnête, ne peut sentir que les jouissances terribles du vice. Le péché contient son enfer, et la nature dit de temps en temps à la douleur et à la misère : " Allez vaincre ces rebelles. " » Cette loi des « vengeurs de la matière » auxquels Baudelaire fait à tout le moins deux allusions non déguisées par le terme — et, nous le verrons, par le véritable thème — dans *L'Héautontimorouménos* et dans *L'Aube spirituelle* parlant de « l'opération d'un mystère vengeur »[5] agissant sur « les débauchés ».

Nous comprendrons mieux aussi l'intention cachée dans *Horreur sympathique* qui, dans le recueil, est placé entre *Alchimie de la Douleur* avec son allusion à Hermès Trismégiste — j'y reviendrai — et *L'Héautontimorouménos :*

Dans le ciel bizarre et livide,
tourmenté comme ton destin,
quels pensers *dans ton âme vide*
descendent ? Réponds, libertin.

— *Insatiablement avide*
de l'obscur et de l'incertain,
je ne geindrai pas comme Ovide
chassé du paradis latin.

5. Sur ces deux poèmes, *infra,* p. 107 et p. 112.

Cieux déchirés comme des grèves,
en vous se mire mon orgueil ;
vos vastes nuages en deuil
sont les corbillards de mes rêves
et *vos lueurs* sont le reflet
de *l'enfer où mon cœur se plaît.*

Ici Baudelaire s'est directement inspiré de ce passage du *Pimandre :* « Ce Démon vengeur... ne cesse, ayant pris ces pauvres abandonnés », c'est-à-dire ceux qui se sont tournés vers le vice, « dans ses rets, de les flatter, et émouvoir leur désir par toutes provocations des sens, pour *les faire si bien plaire en leur péché,* qu'ils *n'en veulent jamais partir,* tellement qu'il les enflamme et convie *insatiablement* à concupiscence et désir qui ne se peuvent accomplir... Et ce Démon vengeur les combattant... *en ténèbres,* il les ruine par là et tourmente davantage, et contre eux *son feu* et ses aiguillons de plus en plus fort augmentent » (p. 81). La suite de ce passage ramenant à une perspective biblique rappelle le serpent tentant le premier homme, ce qui inclut l'idée d'orgueil. Quant au terme de « âme vide », on le trouve dans un autre passage : « O l'âme heureuse qui sera pleine de lui » (du bon Esprit). « O malheureuse *l'âme* qui en sera *vide* » (p. 405). Et ailleurs F. de Foix nous rappelle que « ès brut », c'est-à-dire chez l'animal brut auquel il ne cesse d'assimiler l'homme adonné aux passions », l'âme est vide de pensée » (p. 500).

Ainsi, c'est à tort que Milner trouve un trait chrétien dans « le caractère inéluctable, automatique du châtiment »[6]. Sentant d'ailleurs l'inconfort de cette position, fût-elle améliorée par l'hypothèse plus heureuse d'une « homéopathie morale en vertu de laquelle Satan, réunissant en lui-même le mal et le remède... apparaît... comme le collaborateur de Dieu »[7], ce critique, dans un ouvrage plus récent[8] prête à Baudelaire une réserve dans « la solution chrétienne » « de la destination providentielle du mal » : « il était parfois tenté (d'y) substituer une sorte de dynamique spirituelle, dans laquelle la souffrance et le plaisir se contrebalancent infailliblement, et en vertu de laquelle la nature, mauvaise et coupable par essence, se châtie, s'extermine, s'anéantit, s'empêche de se satisfaire d'elle-même, bref se

6. *Le Diable,* t. II, p. 443.
7. *Op. cit.,* p. 461.
8. *Baudelaire, enfer ou ciel, qu'importe !* pp. 80-81.

Après les développements sur la sorcellerie évocatoire des mots et sur le symbolisme de certains spectacles de la vie, le poète poursuit : « Du culte de soi-même dans l'amour, au point de vue de la santé, de l'hygiène, de la toilette, de la noblesse spirituelle et de l'éloquence. — Self-purification *and anti humanity.* — Il y a dans l'acte de l'amour une grande ressemblance avec la torture ou avec une opération chirurgicale. — Il y a dans *la prière une opération magique. La prière* est une des *grandes forces de la dynamique intellectuelle. Il y a là comme une récurrence électrique. Le chapelet est un médium, un véhicule ;* c'est la prière mise à la portée de tous. — *Le travail, force progressive et accumulatrice, portant intérêts comme le capital,* dans les facultés. — Le jeu, même dirigé par la science force intermittente, sera vaincu, si fructueux qu'il soit, par le *travail, si petit qu'il soit, mais continu.* »

Nous retrouverons cette idée de continuité, de succession dans le travail.

3. « *La force de l'amulette* démontrée par la philosophie. Les sols percés ; les talismans, les souvenirs de chacun. — Traité de *dynamique morale.* De la vertu des sacrements. — Dès mon enfance, tendance à la mysticité. Mes conversations avec Dieu. »

4. « *De la Possession, de la Prière et de la Foi. — Dynamique morale de Jésus.* — Renan trouve ridicule que *Jésus croie à la toute-puissance, même matérielle, de la Prière et de la Foi. — Les sacrements sont les moyens de cette dynamique.* »

5. « Hygiène. Conduite. Méthode. — Je me jure à moi-même de prendre désormais les règles suivantes pour règles éternelles de ma vie : Faire tous les matins ma prière à Dieu, réservoir de toute force et de toute justice, à mon père, à Mariette et à Poe, comme intercesseurs ; les prier de me communiquer la force nécessaire pour accomplir tous mes devoirs, et d'octroyer à ma mère une vie assez longue pour jouir de ma transformation... me fier à Dieu, c'est-à-dire à la Justice même, pour la réussite de mes projets ; faire tous les soirs une nouvelle prière, pour demander à Dieu la vie et la force pour ma mère et pour moi. »

6. « Un homme qui fait sa prière, le soir, est un capitaine qui pose des sentinelles. Il peut dormir. »

Enfin ces deux aveux à sa mère sur lesquels Milner [13] a très

13. *Baudelaire, enfer ou ciel, qu'importe !* p. 129.

justement appelé l'attention : « Je suis horriblement malheureux, et si tu crois qu'une prière puisse avoir de l'efficacité (je parle sans plaisanterie) prie pour moi et vigoureusement » (8 octobre 1860) ; et « En même temps » qu'il songeait au suicide, « et *pendant trois mois,* par une contradiction singulière, mais seulement apparente, j'ai prié *à toute heure* (qui ? quel être défini ? je n'en sais absolument rien) pour obtenir deux choses : pour moi, la force de vivre ; pour toi, de longues, longues années » (1er avril 1861).

Si ces deux informations ainsi que le dernier paragraphe de la longue note pour *Mon Cœur mis à nu* prêtent à la prière — avec combien d'hésitation ! — une efficience proprement religieuse en tant que levier pour obtenir le secours de Puissances surnaturelles, tous les autres passages cités considèrent davantage la prière, sur le plan matériel, comme une hygiène mentale, un exercice de la volonté, une dynamique, sur le plan spirituel comme une opération magique relevant des principes, usuels en magie, de l'échange (« symbole de l'échange ») et des « correspondances » (évocation, sorcellerie évocatoire, retentissement dans l'espace et dans le temps). Il en va de même pour les sacrements, « moyens de cette dynamique ». Baudelaire souligne ici beaucoup moins l'aspect religieux et de l'un et de l'autre dans leur rapport avec les dogmes et la libre volonté divine, que le processus mental, au sens le plus plein du terme et sur le plan universel où se situe la magie : un accroissement de notre *dynamis,* de notre énergie, non point un appel à Dieu.

Le second groupe de textes ne peut que très partiellement se référer à un certain christianisme qu'exclut la parenthèse « (qui ? quel être défini ? je n'en sais absolument rien) ». Il pourrait aussi bien — au moins pour partie — s'inspirer de la prière appliquée à l'hermétisme et — il faut y insister — abusivement étendue par François de Foix à partir de la notion purement hermétique de « miséricorde » de Dieu appréhendée, dit notre commentateur, « par prières faites en foi » (p. 596) ou à propos de la « régénération... par la faveur du nombre dénaire » annoncée par Mercure et donnant, au dire de l'évêque, « repos aux parties spirituelles et immortelles, pour considérer, prier, et contempler leur auteur et source et disposer l'homme à recevoir ce merveilleux bienfait de Dieu son père » (p. 602).

Ce qui me ferait davantage pencher pour cette seconde branche de l'alternative, c'est le parallèle précis, décisif, qui s'impose entre les traits épars dans l'autre groupe de textes

3. Bénédiction

Relisons à présent *Bénédiction*, le poème qui ouvre la première section des *Fleurs*, et surtout ce distique maintes fois appelé en témoignage :

> Soyez béni, mon Dieu, qui donnez la souffrance
> comme divin remède à nos impuretés.

Baudelaire a dû trouver chez Joseph de Maistre, en association avec le thème du « bourreau de soi-même » — plus longuement développé, nous le savons, par le *Pimandre* — l'idée qui anime ces vers : « Dans l'ordre sensible comme dans l'ordre supérieur, la loi est la même et aussi ancienne que le mal : LE REMÈDE DU DÉSORDRE SERA LA DOULEUR. » Mais c'est tout.

Dans le poème nous assistons d'abord aux malédictions de la mère, puis aux *joies de l'enfant*, puis aux *vexations dont l'adolescent et l'homme sont de plus en plus l'objet, jusqu'à la férocité de la femme, aux tortures, à l'assassinat du poète.* Certains aperçoivent, dans ces descriptions, des éléments autobiographiques « en particulier dans les cris de malédiction de la mère »[19]. D'autres contestent — en bloc, ce qui est excessif — toute réminiscence, voire s'indignent de la mise en cause d'une mère toujours aimée[20]. A la vérité, on pourrait aussi bien y voir une description de la Vallée des Larmes selon la Bible. On pourrait même y voir — et des textes que je citerai tout à l'heure vont nous le confirmer — un tableau saisissant — sans doute rehaussé de souvenirs personnels — de la corruption de la matière et des peines que l'homme pur, l'homme privilégié même doit inéluctablement subir par les effets du *fatum* hermétique.

Mais la portée du thème essentiel est lui aussi objet de débat. Pour Crépet comme pour Flottes[21] le poème chante « le double thème romantique de la malédiction et de la bénédiction

19. Crépet et Blin, Éd. crit. *Fleurs du Mal*, p. 285. Blin (*Le Sadisme de Baudelaire*, pp. 38-39) y trouve une illustration particulièrement frappante de « la conversion du sadisme au masochisme » de Baudelaire qui recherche « la femme impure pour en être souillée » dans la description des tortures infligées par la femme au poète. Cela rejoint l'interprétation psychanalytique du Dr Laforgue (*op. cit.*, p. 99) qui voit ici la preuve d'un amour œdipien.

20. Ruff, *L'esprit du mal*, p. 287.

21. *Op. cit.*, p. 68 : « Une aspiration au Dieu vengeur... Mais est-ce bien Dieu qui bénit le poète, et non l'Art consolateur érigé en justicier ? »

du poète. Isolement du *vates* mais aussi du paria contre lequel le destin et la société se sont ligués »[22]. A l'autre extrême, par-delà le thème, évident et sans intérêt pour nous ici, du destin général du poète, Ruff[23] y aperçoit essentiellement un poème mystique d'inspiration chrétienne.

J'ai rappelé le verset de Mercure Trismégiste proclamant que la terre est la vraie patrie du mal. Il est introduit par des considérations sur « les semences de Dieu », c'est-à-dire les vertus qui peuvent lever dans l'âme humaine, chez l'homme de bien en butte aux pires infortunes allant de la moquerie du vulgaire à la persécution et jusqu'à la mort de l'élu. « Les semences de Dieu sont en petit nombre, mais elles sont grandes, belles et bonnes, comme prudhommie, tempérence et piété. » Qui les possède « abonde d'intelligences divines *non semblables à celles du commun.* A cause de quoi *ceux qui ont cette connaissance ne plaisent* (point) *au vulgaire, ni le vulgaire à eux. Ils sont estimés insensés et dignes d'être moqués, haïs et tenus en mépris et quelquefois tués* » (p. 298), et le commentaire ajoute qu'ils sont « *en butte aux blâmes, opprobres et moqueries que le vulgaire fait communément de ceux qui se rendent à l'amour de Dieu* »... « La subtilité de Satan s'étant saisi de la plupart des pensées humaines, *se moque de la simplicité de ceux qui,* estimant ce que les autres ne connaissent, (par) dessus toutes choses, *méprisent de tout* (= tout à fait) *les abus mondains* que ces misérables captifs de Satan révèrent et magnifient sur (= par-dessus) toute vertu. » Et illustrant par des exemples le rigorisme des justes (refus de tirer profit de la flatterie des princes ou de l'injustice des juges, etc.), le comte de Foix conclut que ces purs « *quelquefois sont tués... quand par leur simplicité* (= sincérité) *il leur échappe de dire quelque vérité que blâment les plus forts, lesquels, ayant au premier article de leurs statuts la revanche, se trouvent prompts à tourmenter et bien souvent faire mourir celui qui par simplicité aura cuidé vérité être autant révéré* devant les hommes que devant Dieu et ne se sera (point) souvenu que vérité n'a aucune demeure ici-bas ».

Voilà un tableau tout voisin de celui que Baudelaire esquisse de « *L'Enfant déshérité* » qui, « *sous la tutelle invisible d'un Ange* » vivant dans la paix, avec Dieu, va être en butte aux persécutions de vulgaire : « *tous ceux qu'il veut aimer l'observent avec*

22. Éd. crit. *Fleurs du Mal,* p. 285.
23. *L'Esprit du Mal,* p. 287.

crainte / ou bien s'enhardissant de sa tranquillité / cherchent à qui saura lui tirer une plainte / et font sur lui l'essai de leur férocité ». Et plus tard, puisque l'adolescent ne trouvera pas la femme « assez belle pour » qu'il l'adore, *elle labourera son corps avec ses « ongles de harpie » et le tuera en lui arrachant le cœur.* Si l'imagerie du poète est plus saisissante, excessive et surprenante pour ce qui est du rôle de la femme[24], la progression des deux morceaux est comparable. Et de même que le comte de Foix clôt son inventaire par cette conclusion : « *Ainsi (la place de la vérité est) seulement ce petit rayon sien (divin) qui en demeure à ceux qui ont choisi la voie de la piété et par cela reçu les semences de Dieu* », de même Baudelaire introduit la seconde partie, proprement la Bénédiction, par le geste de dévotion :

> *Vers le ciel* où son œil voit un trône splendide
> *le poète serein lève ses bras pieux.*

Or, toute la suite du poème se présente comme une paraphrase d'un des passages les plus célèbres des livres hermétiques, la bénédiction de Dieu par Pimandre et son « fils » Tat, hymne qui clôt le chapitre XIII consacré précisément aux « vengeurs » et à la « régénération ». Il est couronné par une action de grâces où le mot « bénédiction » tient lieu de leitmotiv :

« J'ai reçu *bénédiction* et quoi que je cherche, je le remets en ta volonté. »

« O mon Père, j'ai vu cette *bénédiction* être prononcée par ta volonté ; je l'ai aussi mise en mon monde.

» — Dis, ô mon fils, en l'intelligible.

» — Je puis bien dire en l'intelligible, ô mon père ; ma pensée a été illuminée de ton hymne et de ta *bénédiction.* Au surplus, je désire aussi de ma propre pensée envoyer *bénédiction* à Dieu » (pp. 620-621).

Pourquoi cette bénédiction ? Parce que Mercure Trismégiste vient d'expliquer à Tat qu'il aurait tort « *d'accuser (le) Créateur de l'avoir fait... sans aucun moyen... (de se) relever* » *de sa* « *misère du péché* » qu'il doit se garder de blasphémer « contre *Dieu qui par sa bonté* (le) composant (lui) *a donné tel (libre)*

24. Où Blin (*Le Sadisme de Baudelaire*, p. 39) n'aperçoit, dans une perspective masochiste, que la « cruauté (de la femme qui) se déchaîne dans des strophes furieuses ».

arbitre qu'(il) peut élire (= choisir) *la bonne part,* c'est-à-dire *se purger des démons vengeurs « qui contraignent l'homme intérieur à souffrir sensiblement de ce corps...* qui exercent vraie justice des défauts... (et) qui ordinairement exercent peine et vengeance », suscitant ces accroissements de souffrance qui font jaillir le repentir puis *nous font entrer dans la voie de la régénération par le rejet des vengeurs et « l'abolition des sens du corps »* (pp. 592-593). C'est toute la matière du quatrain baudelairien qui suit le geste de bénédiction :

> *Soyez béni, mon Dieu, qui donnez la souffrance*
> *comme un divin remède de nos impuretés*
> et comme la meilleure et la plus pure essence
> *qui prépare les forts aux saintes voluptés.*

De même que Baudelaire ouvre ainsi les écluses de l'exaltation mystique, de même Tat, émerveillé par l'enseignement hermétique sur les vengeurs et la régénération de l'âme *dans un état où « la vie et lumière sont conjoints »*, s'écrie : « O mon père, je vois tout, *reconnaissant à la vérité que de ma vue corporelle je ne puis voir que matière. Ce n'est donc (pas) de celle-là que je veux dorénavant rechercher mon salut. C'est par l'intelligence, connaissance, amour et foi et autres opérations intelligibles* que j'ai délibéré la poursuivre : car avec celles-là et pour celles-là je vois toutes choses, tant corporelles qu'intelligibles. Voire (même) c'est le seul moyen véritable, et par lequel je (me) vois moi-même en ma pensée. C'est cette seule contemplation et considération qui m'en amène la connaissance. » Et après un passage que je citerai plus loin, cette réponse de Pimandre = Mercure : ceci « est la régénération, ô mon fils : ne penser plus en (ton) corps qui a trois dimensions car ce sont les corps et toutes choses matérielles qui empêchent ou destourbent en l'homme les connaissances de Dieu ».

Et de même que le poète écarte le rideau des passions, que *« les vastes éclairs de son esprit lucide — lui dérobent l'aspect des peuples furieux »*, qu'il se prépare à clamer sa bénédiction, de même Pimandre, à l'instant d'entonner son chant : « Écoute maintenant l'harmonieuse louange, l'hymne de la régénération. Toute nature du monde reçoive l'ouïe de ce chant. Soyez ouverts, ô terre — *Soyez ouverts, ô cieux,* ô vents, reposez, *le cercle immortel de Dieu reçoive ma prière !* Car *je propose de célébrer celui qui a bâti toutes choses... Donnons-lui tous ensemble bénédiction.* » Et voici le chant de Mercure complété par F. de Foix :

« Quoi que je cherche, prie ou demande, je le remets en ta volonté, m'assurant de l'amour que tu portes à ma principale partie par laquelle *tu ne me laisseras jamais en nécessité... O sainte Connaissance par laquelle je dois recouvrer l'entrée de mon heur et félicité, et par ton moyen entrer en la vraie communion de mon Dieu et souverain bien, étant illuminé de toi en toutes mes actions et opérations,* lesquelles je lui adresse chantant par toi, *ô lumière intelligible qui es cette sainte Connaissance donnant clarté à toutes mes pensées et cogitations, lesquelles sans toi seraient obscures et ténébreuses. Je suis réjoui de joie de pensées, me sentant illuminé en mon âme et parties intérieures...* Toutes mes facultés... chantez avec moi et me veuillez entretenir éveillé de ce profond sommeil d'ignorance, héritage paternel et corporel, à cette fin que par votre moyen *je participe de votre source éternelle... O Vie et Lumière,* de vous à nous est passée la bénédiction. »

Si l'on ajoute à cela les termes de « rayons de Dieu » ou de « rayons procédant de cette infinie source de puissance » et ceux de « claire vision et connaissance de la couronne », c'est-à-dire de la splendeur divine, termes qui émaillent d'autres passages du *Pimandre* [25], nous retrouvons ainsi et le mouvement et le vocabulaire même des célèbres strophes baudelairiennes enrichies au demeurant par des termes bibliques empruntés à Milton, comme l'a montré Jean Pommier [26].

Nous pouvons alors isoler facilement dans les dernières strophes ce dont le poète est directement redevable à la bénédiction célébrée par le *Pimandre* :

Je sais que vous gardez une place au poète
dans les rangs bienheureux des saintes Légions,
et que vous l'invitez à l'éternelle fête
des Trônes, des Vertus, des Dominations.

Et puis, après un nouveau rappel de l'unique moyen de salut par la douleur (les vengeurs) :

25. Source bien plus probable que celle suggérée par Jean Pommier (*Baudelaire et Hoffmann*, p. 473) rappelant la couronne magnifique offerte au héros de *Biographie de Kreisler*.

26. *Dialogues*, p. 159. Au surplus j'adopte — mais pour d'autres raisons — la conclusion de ce critique sur l'aspect conventionnel des « anges » baudelairiens. Il n'employait pas ce terme dans le sens biblique ; il s'en servait comme d'une commodité pour des acceptions diverses, point toujours spirituelles ou métaphysiques.

Je sais que la douleur est la noblesse unique
où ne mordront jamais la terre et les enfers,
et qu'il faut pour tresser ma couronne mystique
imposer tous les temps et tous les univers.

Mais les bijoux perdus de l'antique Palmyre,
les métaux inconnus, les perles de la mer,
par votre main montés, ne pourraient pas suffire
à ce beau *diadème éblouissant et clair.*

Car il ne sera fait que de *pure lumière,*
puisé au foyer saint des rayons primitifs,
et dont les yeux mortels, dans leur splendeur entière,
ne sont que des miroirs obscurcis et plaintifs.

Ainsi, *Bénédiction* ne saurait plus passer pour le témoignage du christianisme de son auteur, singulièrement de sa croyance à la Rédemption par le Christ et la réversibilité.

Il n'en va peut-être pas de même pour *L'Imprévu.* Ce poème ressemble par bien des aspects à *Bénédiction,* puisque, après le spectacle de divers déportements, nous y assistons à la menace de Satan et au triomphe spirituel de « celui dont le cœur dit : " Que soit béni ton fouet / Seigneur, que la douleur, ô Père, soit bénie ! " » On doit cependant penser, avec Crépet [27] que ce morceau, datant de fin 1862 ou début 1863 et publié le 25 janvier 1863, partait d'une idée plus nettement ou peut-être tout à fait chrétienne. Outre qu'il se situe dans la période postérieure à celle que j'assignerais volontiers à l'influence hermétiste, il est dédié à Barbey d'Aurevilly. Celui-ci tentait alors, comme Mme Sabatier dix ans plus tôt, de ramener Baudelaire à la foi catholique et pour une part semble y être parvenu au moins momentanément. En effet, le 1er janvier 1863, le poète annonçait à Le Joane son intention de faire une retraite de quelques jours à l'abbaye de Solesmes, intention qu'il ne semble pas avoir réalisée. C'est aussi le temps où un critique note dans *Le Figaro* (8 janvier 1863) : « M. Renan fut prêtre, M. Baudelaire le sera, M. Flaubert semble l'avoir été. » Boutade, bien sûr, mais qui pourrait reposer sur des informations personnelles au sujet d'un revirement dans l'attitude religieuse du poète.

Au demeurant, lorsque Baudelaire prépara la réédition de *L'Imprévu,* pour « Les Épaves » (1866), il accompagna la pièce

27. Crépet et Blin, Éd. crit. *Fleurs du Mal,* p. 566.

de cette note qui, en dépit de la signature « Note de l'éditeur », avait été rédigée de la main même du poète sur les épreuves : « Ici l'auteur des *Fleurs du Mal* se tourne vers la Vie éternelle. Ça devait finir comme ça. Observons que, comme tous les nouveaux convertis, il se montre très rigoureux et très fanatique. » Il ne faut pas en conclure trop vite à une conversion définitive ; et le ton de cette note contient comme un ricanement, l'écho d'un nouveau reniement.

En tout cas, pour toute la période antérieure à *L'Imprévu,* il n'est aucun texte suffisamment probant, univoque, attribuant à Baudelaire la croyance au Christ Rédempteur [28], et c'est ériger un faux problème que de lui prêter une manière de christianisme singulier créé « ex nihilo, par *l'artifice* de l'art, de la prière, de la vertu, de la conscience et de la souffrance, un équivalent de (la) béatitude (chrétienne) de (l') accord avec Dieu » [29]. Par cela on décrit, plus ou moins exactement, l'hermétisme dont s'est nourri Baudelaire.

4. Ormuz et Arimane

J'ai rappelé plus haut un texte du *Pimandre* désignant les « vengeurs » par les mots : « Démons illuminés de Dieu ». Cette expression singulière — mais parfaitement congruente, puisque les démons vengeurs coopèrent avec le destin pour susciter le retour du pécheur à la voie divine — rend tout son sens à un passage fort débattu des *Maximes consolantes sur l'amour,* déjà exploité pour partie. Imaginant une femme « arrivée aux limites de la perdition », Baudelaire incite le lecteur à dire « hardiment et avec la candeur du vrai philosophe » : « Moins scélérat, mon idéal n'eût pas été complet. Je le contemple et me soumets ; d'une si puissante coquine la grande Nature seule sait ce qu'elle veut faire [30]. Bonheur et raison suprême ! absolus ! *résultante* des contraires ! Ormuz et Arimane, vous êtes le même ! »

28. Dans le même sens, Austin, *op. cit.*, p. 132.

29. Milner, *Le Diable,* t. II, p. 447. Ce critique semble toutefois avoir quelque peu évolué. Dans *Baudelaire, enfer ou ciel, qu'importe !* (p. 153), il se borne à constater que Baudelaire ne croit pas à la Rédemption.

30. Arrêtant ici arbitrairement sa citation — qui ainsi tronquée est privée de sa signification — Blin (*Le Sadisme de Baudelaire,* p. 54) nous engage à remarquer « l'accent nettement sadiste de cette dernière proposition et, en fait, Baudelaire a fait preuve parfois d'un franc immoralisme » !

Ormuz, le Dieu Lumière du culte iranien, Arimane, le Mal agissant et coéternel, sont les deux Puissants protagonistes du Manichéisme.

Si nous faisons d'abord abstraction du cri final, cette « maxime » réellement « consolante » résume parfaitement la doctrine des « vengeurs » poussant la femme au comble du vice, aux « limites de la perdition » pour un dessein que sait « la grande Nature » et que nous connaissons aussi maintenant : déclencher tôt ou tard, par l'opération des « vengeances » divines, la régénération de l'être. « Moins scélérat », mais profondément enlisé dans le vice, cet instrument du destin-nature n'eût pas atteint ce but. Se servant des « Démons illuminés de Dieu » Nature — avec une majuscule qui l'assimile à l'ordonnancement de l'univers dont parle le Trismégiste — ne peut faillir au résultat, lequel est proprement une « résultante » de Dieu et des Démons vengeurs. On comprend mieux la félicité du poète où l'on avait cherché toutes sortes d'obsessions perverses : il entrevoit déjà la « noblesse unique » de la douleur par les excès du vice [31].

31. Baudelaire exprime, trait pour trait, les mêmes idées dans son poème XXV :

> Tu mettrais l'univers entier dans ta ruelle,
> femme impure !...
> Il te faut chaque jour un cœur au râtelier.
> .. ..
> Machine aveugle et sourde, en cruautés féconde !
> Salutaire instrument, buveur du sang du monde,
> .. ..
> quand la nature, grande en se desseins cachés,
> de toi se sert, ô femme, ô reine des péchés,
> — de toi, vil animal, — pour pétrir un génie ?
> O fangeuse grandeur ! sublime ignominie !

Le poème se rapporte à Louchette et semble remonter à 1841, année à laquelle paraît se situer le premier contact du poète avec l'hermétisme. Et c'est encore au même cycle de pensée qu'il faut restituer ce passage des *Notes nouvelles sur Edgar Poe* (1857) : certaines actions « mauvaises et périlleuses » pourraient nous paraître inspirées par le Diable « si l'expérience et l'histoire ne nous enseignaient pas que Dieu en tire souvent l'établissement de l'ordre et le châtiment des coquins — après s'être servi des mêmes coquins comme des complices ! Tel est le mot qui se glisse, je l'avoue, dans mon esprit, comme sous-entendu aussi perfide qu'inévitable ». Quand on se souvient du nombre de fois que Baudelaire avait déjà exprimé la même opinion et où il l'avait puisée, on admire ce nouvel exemple de mystification : il ne tenait pas à révéler ses sources. Il faut en tout cas écarter l'explication de Milner (*Baudelaire, enfer ou ciel, qu'importe !* p. 80) qui rattache ce texte à une prétendue « tendance destructrice et auto-destructrice » ; c'est tout au contraire l'affirmation de l'unique porte de salut.

Reste l'équation Ormuz-Arimane.

Bien lue, la formule nous parle non de deux entités opposées mais de deux aspects d'une seule et même Puissance, en quoi se résout bien l'hermétisme pour lequel il n'y a pas de force du mal coéternelle à la force du bien, mais un instrument du Bien créé sous la prépondérance du Soleil dans l'ordonnancement de l'univers par la destinée ou *fatum*.

Ce n'est donc point cette formule, en tout cas, qui démontrerait le manichéisme que Blin en particulier[32] impute au poète des *Fleurs du Mal*. Baudelaire, au dire de ce critique, aurait trouvé cette doctrine longuement exposée dans la *Mystique chrétienne* de Goerres. Mais Milner[33] rappelle à juste titre que Goerres — qui s'est penché sur le Schah-Nameh iranien et aussi sur Emmanuel Swedenborg — n'était pas manichéen. Il était en effet purement catholique[34]. Et dans une analyse brillante, Daniel Vouga[35] tranche le point en opposant cette observation du poète : « La dualité, qui est la contradiction de l'unité, en est aussi la conséquence. Je dis la contradiction et non le contraire ; car la contradiction est une invention humaine. » Ici, soutient à juste titre Vouga, dualité signifie multiplicité, et il n'y aurait manichéisme que « si la dualité était le contraire de l'unité », auquel cas « le Mal existerait éternellement face au Bien, Satan face à Dieu ».

Vouga ajoute, il est vrai : « ou bien aussi Dieu aurait chuté ». Et c'est justement ce que se demande Baudelaire dans deux textes, l'un et l'autre interrogatifs : « Comment le père *un* a-t-il pu engendrer la dualité et s'est-il enfin métamorphosé en une population innombrable de nombre ? » *(Étude sur Victor Hugo)* et : « Qu'est-ce que la chute ? Si c'est l'unité devenue dualité, c'est Dieu qui a chuté. En d'autres termes, la création

32. *Baudelaire*, p. 68, et *Le Sadisme de Baudelaire*, p. 47.

33. *Le Diable*, II, p. 464, note 122.

34. Né catholique, Joseph Goerres (1776-1848) a connu d'abord une période d'éclectisme syncrétiste marquée par son livre *Croyance et science* (1806), influencée par la philosophie naturiste de Frédéric Schlegel, et « ressortissant à une mystique panthéiste » (Jean-René Derré, *Le Renouvellement de la pensée religieuse en France de 1824-1834*, p. 44). Suivant l'exemple de Schlegel, Goerres revient au catholicisme ultramontaniste et devient l'animateur du renouveau catholique en Allemagne. Il connaît ensuite une période d'ardent mysticisme qui lui inspire les quatre volumes de sa *Mystique chrétienne* (1836-1842) préparés par son livre *Emmanuel Swedenborg, ses visions et ses rapports avec l'Église* (1827). On ne voit pas comment Blin a pu trouver chez lui la moindre trace de manichéisme, en particulier dans sa *Mystique*.

35. *Op. cit.*, p. 174.

ne serait-elle pas la chute de Dieu ? » *(Mon cœur mis à nu).* Il convient d'interpréter, ici encore, « dualité » en « multiple », et d'éclairer le premier texte par le second.

La spéculation sur le nombre était banale, on la retrouvait partout. Baudelaire ne s'en privait pas, nous l'avons vu à propos du dandysme. Le *Pimandre* en use amplement, avant tout au chapitre IV : « Unité est commencement et contient tout nombre, n'étant contenu dans aucun ; et engendre tout nombre, n'étant engendré d'aucun » (p. 184) ; au chapitre X : « D'un commencement (dé)pendent toutes choses : mais le commencement est d'un et seul. Et le commencement est mu, à cette fin, qu'il soit derechef commencement, toutefois l'un et seul demeure, et n'est point mu. Ces choses sont trois, Dieu Père et Bien, le Monde et l'homme » (p. 374), et au chapitre XVI : « Dieu qui est Seigneur et facteur de toutes choses, et Père, et environnement de toutes choses, et toutes choses étant un, et un étant toutes choses » (p. 692).

Ces divers versets répondent implicitement à la question baudelairienne et, au besoin, le commentaire de F. de Foix est net : l'unité « est indivisible, continue... à la différence du nombre... Dieu » est « un non divisible ainsi entier en toute son essence, différent de toutes ses créatures composées de diverses unités... toutes prenant leur commencement en cette seule unité divine : lesquelles diverses unités rendent aux créatures nombre divisible et par conséquent sujet à altération et imperfection, à cause de la diversité engendrée en lui par la pluralité des unités » (p. 185).

Que ce soit justement sur ces divers textes que le poète ait médité, cela me semble résulter de ses formules mêmes. Qu'il ait été, comme nous, inquiété par l'apparente contradiction entre l'émanation affirmée et la différence de qualité du multiple par rapport à son « facteur », c'est ce qui découle de ses questions auxquelles les réponses du *Pimandre* n'apportent pas de solution satisfaisant la logique pure, en dehors du libre-arbitre et de la Chute de l'homme. Mais si Baudelaire suggère une issue, il ne le fait pas franchement, il recourt à l'interrogation et au conditionnel. Pour une fois — l'unique fois — qu'il est en désaccord avec l'hermétisme, il n'ose pas affirmer[36].

36. C'est un leurre que de chercher les éléments de la solution préconisée par Baudelaire dans *Eureka* de Poe qu'invoque Arnolds Grava (*L'Aspect métaphysique du mal dans l'œuvre littéraire de Charles Baudelaire et d'Edgar Allan Poe*). Le poète américain entend démontrer que l'Unité de la matière originairement

Au demeurant il s'inspire de son besoin de justifier l'homme qui par l'effet du destin souffre des peines souvent imméritées : il se débarrasse ou plutôt voudrait se débarrasser de la responsabilité sur Dieu, s'en prenant là encore à un aspect peu satisfaisant de l'hermétisme. Et c'est le fait même de l'existence qu'il reproche au Créateur, poussant ainsi jusqu'au bout la théorie du dandysme : « L'être le plus prostitué, c'est l'être par excellence, c'est Dieu, puisqu'il est l'ami suprême pour chaque individu, puisqu'il est le réservoir commun, inépuisable de l'amour » *(Mon cœur mis à nu)*. Réplique grinçante[37] de sa longue note sur la prière où Dieu figure comme « réservoir de toute force et de toute justice », écho peut-être — non moins sceptique — de ce passage de F. de Foix tout voisin du précédent : l'essence de Dieu « bien qu'elle ne soit qu'une en sa vérité, ce néanmoins la distribuant en nombre ou pluralité selon la diversité des effets, elle est rendue familière à nos incapacités » (p. 186). Ce paradoxe clôt en tout cas la discussion du monisme et du dualisme baudelairien au bénéfice du premier ; et la nécessité d'une destruction du multiple — le « besoin d'oublier son *moi* dans la chair extérieure que l'homme appelle noblement besoin d'aimer » *(Mon cœur mis à nu)* — en est la seule conclusion logique[38]. Et l'on comprend que le poète des *Fleurs du Mal* ait si fréquemment proclamé « l'utilité de l'esprit de destruction » *(Art romantique)*.

créée suffit à « expliquer la constitution, les phénomènes actuels et l'anéantissement absolument inévitable au moins de l'Univers matériel ». Cette vue fragmentaire de physiologiste est sans rapport essentiel avec le problème métaphysique préoccupant Baudelaire.

37. On ne saurait, avec Fumet (*op. cit.*, p. 223), trancher que « ici prostitution se confond bien avec charité, c'est-à-dire... que l'esprit d'amour, étant descendu aux enfers du péché, remonte au-dessus du firmament, où il vient réoccuper le trône divin et sa place originelle ». C'est oublier tout le contexte baudelairien.

38. J'ai montré dans mon *Ésotérisme de Shakespeare*, puis dans *Lecture Shakespeare*, que toute une partie de l'école élisabéthaine, Chapman et Heywood en tête, a plaidé pour la destruction du multiple, responsable de la corruption et de la misère humaine. Baudelaire pourrait s'être inspiré de cette abondante littérature qu'il a dû mieux comprendre que les modernes devenus inaccessibles à l'ésotérisme familier aux auteurs du XVIe et du XVIIe siècles.

CHAPITRE V

ÉNIGMES

Toujours préoccupée de rapprochements littéraires ou biographiques certes précieux, la critique n'a point rendu compte des termes bien singuliers émaillant *L'Aube spirituelle* et *Alchimie de la Douleur.*

1. Aubes spirituelles

Que le premier de ces poèmes ait été envoyé à Mme Sabatier vers 1854 avec ce billet : « After a night of pleasure and desolation, all my soul belongs to you » — où l'on a cru déceler un souvenir littéraire [1], voilà qui nous éclaire sur sa seconde partie et « les débris fumeux des stupides orgies » vraisemblablement éteintes dans un fiasco de plus. Il reste les sept premiers vers sans rapport fondamental avec la suite :

Quand chez les *débauchés* l'aube blanche et vermeille
entre en société de *l'Idéal rongeur,*
par l'opération d'un mystère vengeur
dans la brute assoupie un ange se réveille.
Des Cieux Spirituels l'inaccessible azur,
pour *l'homme terrassé qui rêve encore et souffre*
s'ouvre et s'enfonce avec *l'attirance du gouffre.*

Nous savons désormais ce qu'est « l'opération d'un mystère vengeur ». C'est l'action des démons « vengeurs » en l'homme et

1. Crépet et Blin, Éd. crit. *Fleurs du Mal,* p. 375.

précisément dans l'âme des débauchés précipités dans le cycle infernal des plaisirs pour amener la « vengeance » du ciel et par ce moyen susciter la régénération [2].

Mieux encore, les versets 7 et 8 du chapitre XIII du *Pimandre,* qui dévoilent le mystère des vengeurs, résument tout le thème des deux strophes. Mercure invite son disciple à entrer en état de sainteté : « Abolis les sens du corps et ce sera la génération de la divinité... purge-toi des déraisonnables vengeurs de la matière » (p. 591). Suit l'énumération de ceux-ci et la description de leur œuvre dans l'homme. Puis, en section 8, les vengeurs se retirent de celui de qui Dieu a Miséricorde et ce sera « la régénération » : « Réjouis-toi dorénavant... purgé par les vertus de Dieu pour la prononciation de la parole, la connaissance de Dieu nous est venue..., l'ignorance a été mise hors, la connaissance de la joie nous est venue ; elle étant approchée, la tristesse s'enfuira » (p. 596). Il n'est pas jusqu'à ce dernier détail de la tristesse survivant un temps à la « connaissance de la joie » que Baudelaire n'ait exploité dans l'étrange logique de « l'homme terrassé qui rêve encore et souffre », alors que déjà s'ouvrent les « Cieux Spirituels », expression choisie à dessein pour désigner l'extase et ses joies. De celles-là, le commentaire de notre passage livre cette définition : « pour contempler et connaître Dieu par tous ces moyens et semblables qui sont toutes *opérations* et parties de cette contemplation pour laquelle l'homme a été bâti... Et desquelles usant il se trouvera entendant et connaissant la régénération et qui plus est jouissant du divin fruit qu'elle apporte ». Dans une transposition familière à Baudelaire, cela devient « l'attirance du gouffre ».

Au demeurant nous savons où le poète a pris son image de « la brute assoupie » dans laquelle « un ange se réveille ». J'ai maintes fois rappelé que François de Foix nomme « le brut » l'homme naturel adonné aux passions. Et nous lisons dans le commentaire de la section 8 au sujet de la retraite des vengeurs en quoi « consiste le propos de la régénération, de tant que *ayant vaincu toutes concupiscences, l'Esprit de Dieu règne en l'homme,* lequel ne tâche que à le conduire dans la vraie régénération. Par ainsi n'y ayant plus d'obstacle ou empêchement, le saint Esprit nécessairement *fera son œuvre, en celui* qui aura

2. Par une curieuse méprise, Sartre (*Baudelaire,* p. 142) voit dans cette « opération » un acte sensuel.

renoncé aux concupiscences pour se rendre à lui » (pp. 596-597). L'épithète assez inattendue de « assoupie » fut elle-même fournie par F. de Foix décrivant l'état de contemplation : « Ceux qui peuvent plus puiser de contemplation », dit Mercure, « sont le plus souvent *assoupis du corps* » (p. 338) et le commentaire : « Il s'en faut donc retirer » (des tribulations du monde) qui voudra jouir du fruit de contemplation et *assoupir le corps et ses concupiscences* » (p. 339).

Quant à « l'Idéal rongeur », qu'est-il d'autre que celui de « Spleen et Idéal » où se situe *L'Aube Spirituelle :* le souvenir des origines divines de l'âme que nous retrouverons bientôt à maint endroit du recueil ?

La suite du poème prend alors un sens élargi ; et d'autres termes qu'on croyait connaître révèlent de nouvelles allusions :

Ainsi, chère Déesse, Être lucide et pur,

sur les débris fumeux des stupides orgies
ton souvenir plus clair, plus rose, plus charmant,
à mes yeux agrandis voltige incessamment.

Le soleil a noirci la flamme des bougies ;
ainsi, toujours vainqueur, ton fantôme est pareil,
âme resplendissante, à l'immortel soleil !

La débauche — et sans doute sa fin lamentable — a fait son œuvre de « vengeur » : elle a provoqué le retour du poète sur lui-même. L'aimée, Mme Sabatier, la Présidente, fut l'instrument de « l'opération » spirituelle — qu'assez adroitement le poète déguise ici, pourrait-on croire, en un repentir et un élan purement chrétien, plus agréable à celle qui lui prêche la Réversibilité, dès lors « toujours vainqueur ». Aussi fait-elle l'office que Mercure attribue au « Soleil » qui « par le moyen du monde intelligible et sensible fournit l'influence de bien venant de Dieu, c'est-à-dire de l'opération » (p. 728)[3].

3. Milner (*Baudelaire, enfer ou ciel, qu'importe !* p. 100) tend quelque peu vers la bonne direction en proposant de lire dans les deux premières strophes de *L'Aube spirituelle* « la contrepartie et la compensation imaginaire de l'expérience du péché » et « l'envers d'un sentiment de culpabilité » dont on a, hélas, usé et abusé pour expliquer la position spirituelle de l'auteur des *Fleurs du Mal.*

2. Hermès inconnu

Alchimie de la Douleur n'a pas beaucoup tenté la critique. Les étranges associations d'idées et quelques coïncidences de termes avec un passage des *Paradis artificiels* à la vérité d'une imagerie diamétralement opposée[4] ont suffi à se débarrasser du poème qu'on tient pour le reflet d'une expérience de mangeur de haschisch associée à l'application d'un procédé littéraire emprunté à de Quincey dont *Les Confessions d'un Mangeur d'opium* étaient familières à Baudelaire[5].

Seul Milner[6] s'est davantage penché sur le sens philosophique possible du morceau mais avec assez peu de bonheur : « Cet Hermès inconnu, qui, à la différence de l'Hermès Trismégiste sur lequel s'appuyaient les alchimistes, ne favorise les transmutations que dans le mauvais sens, est évidemment le même que le Satan Trismégiste du prologue *Au Lecteur*... Baudelaire a donc l'impression d'être lui-même l'objet, ou la matière première, d'une alchimie maléfique qui opère à contre-courant de l'art, puisque non seulement elle transforme tout ce qu'il touche ou contemple en matière vile, mais encore elle le prive de cette volonté qui lui est si nécessaire pour créer. »

Relisons le poème entier :

L'un t'éclaire avec son ardeur,
l'autre en toi met son deuil, Nature !
Ce qui dit à l'un : Sépulture !
dit à l'autre : Vie et Splendeur !

Hermès inconnu qui m'assistes
et qui toujours m'intimidas,
tu me rends l'égal de Midas,
le plus triste des alchimistes ;

par toi je change l'or en fer
et le paradis en enfer ;
dans le suaire des nuages

4. Notamment l'allusion à la vision de « Midas (qui) changeait en or tout ce qu'il touchait », alors que le poète d'*Alchimie de la Douleur* se plaint au contraire : « Par toi je change l'or en fer » toi qui « me rends l'égal de Midas ».

5. Crépet et Blin, Éd. crit. *Fleurs du Mal*, p. 428, reprenant à leur compte les conclusions de Clapton (*Baudelaire et de Quincey*, p. 93).

6. *Baudelaire, enfer ou ciel, qu'importe !* (pp. 169-170).

je découvre un cadavre cher,
et sur les célestes rivages
je bâtis de grands sarcophages.

Qu'est-ce d'abord que ce singulier « Hermès inconnu qui m'assistes et qui toujours m'intimidas » ? Lorsque, au premier verset du *Pimandre,* Tat voit paraître Mercure (Hermès) Trismégiste, il est plongé dans la stupeur : « Quant je pensais quelquefois aux choses qui sont, élevant mon entendant par une grande détention et amortissement de mes sens corporels » outre d'autres traits de l'état de contemplation, « il m'a semblé voir *quelqu'un démesuré et incompréhensible qui m'appelant de mon nom me dit : Que désires-tu voir et ouïr et que délibères-tu apprendre et connaître ? Je lui demande : Qui es-tu ? Je suis, dit-il, Pimandre, Pensée de celui qui est de par soi... Je sais ce que tu veux et je suis partout avec toi* » (p. 1). « Je désire, dis-je, apprendre les choses qui sont, entendre leur nature et connaître Dieu... Derechef il me dit.. je t'enseignerai. Ayant ainsi parlé, il changea de forme : et soudainement toutes choses m'ont été révélées en un instant » (p. 4).

Ce Mercure « incompréhensible » d'abord à Tat, mais qui « (est) partout avec (lui) » est proprement « Hermès inconnu » qui assiste constamment le poète, sans toutefois prendre la forme plus familière qu'il revêtira par la suite pour Tat, sans lui révéler soudainement toutes choses. Car notre poète n'est pas un illuminé.

De même la première strophe — bien lue et on ne l'a jamais fait, ce me semble — nous présente l'œuvre double de la Destinée hermétique : le « rayon de Dieu » ou « sainte Pensée » qui selon le Pimandre pénètre la matière, la Nature, l'éclaire ;

L'un t'éclaire avec son ardeur (Nature !)

et d'autre part la destruction perpétuelle opérée par l'imperfection de la matière et l'œuvre des démons :

l'autre met en toi son deuil, Nature !

Et l'opposition de la double nature de la création est résumée par les mots « Sépulture ! » d'un côté, « Vie et Splendeur ! » de l'autre.

La suite s'adresse à Hermès, et s'il est vrai qu'il y a une relation entre cet « Hermès » évidemment Trismégiste et « Satan Trismégiste », cela n'a nul rapport avec l'art poétique. Baudelaire reprenant le thème de *L'Irrémédiable,* se plaint de ce *fatum* que Mercure-Hermès enseigne à Tat-Esculape et qui maintient l'homme dans la matière dégradée, corrompue, le portant tout naturellement à la perversion, par son aspect satanique des démons délégués à l'administration des mondes créés qui « prennent garde sur les choses humaines », et proprement transforment l'or en fer et le paradis de l'âme originelle en enfer. Aussi l'homme ne peut-il voir que ce « deuil » qu'on nous annonce d'abord et que dépeint plus tragiquement la dernière strophe.

Si Baudelaire est plus sensible à cet aspect de l'hermétisme, c'est que, mieux informé que nos critiques sur l'alchimie spirituelle qui réclame à l'homme un effort de purification presque surhumain, il est conscient de l'énormité de la tâche, du peu de chance de réussite réservée à des privilégiés « peu de nombre » qui obtiennent la clarté.

Mais c'est aussi qu'il n'est pas croyant — et nous avons vu et verrons ses constants efforts brisés pour une mysticité qu'il entrevoit seulement — et qu'il voudrait et ne peut sereinement, résolument s'attacher à l'aspect sotériologique de l'hermétisme. Et sans doute est-ce cette hésitation qu'il formule dans l'inquiétante question : « Qu'est-ce que la chute ?... La création ne seraitelle pas la chute de Dieu ? » et tout l'ensemble de réflexions sur la « prostitution » ou dégradation de Dieu et de l'univers.

3. L'Héautontimorouménos, le vengeur de soi-même

Nous voilà en mesure de relire avec fruit *L'Héautontimorouménos :*

Je te frapperai sans colère
et sans haine, comme un boucher,
comme Moïse le rocher.
Et je ferai de ta paupière,

pour abreuver mon Sahara,
jaillir les eaux de la souffrance.
Mon désir gonflé d'espérance
sur tes pleurs salés nagera

comme un vaiseau qui prend le large,
et dans mon cœur qu'ils soûleront,
tes chers sanglots retentiront
comme un tambour qui bat la charge.

Ne suis-je pas un faux accord
dans la divine symphonie,
grâce à la vorace Ironie
qui me secoue et qui me mord ?

Elle est dans ma voix, la criarde.
C'est tout mon sang, ce poison noir.
Je suis le sinistre miroir
où la mégère me regarde.

Je suis la plaie et le couteau.
Je suis le soufflet et la joue.
Je suis les membres et la roue,
et la victime et le bourreau.

Je suis de mon cœur le vampire,
— un de ces grands abandonnés,
au rire éternel condamnés,
et qui ne peuvent plus sourire.

Baudelaire avait conçu ce poème comme partie d'un tout. Il l'analyse lui-même dans une lettre à de Mars, secrétaire de la *Revue des Deux Mondes,* le 7 avril 1855. Son poème devait alors servir d'épilogue à un ensemble de dix-huit morceaux à paraître sous le titre — révélé ici pour la première fois — des *Fleurs du Mal.* Ce sera, annonce Baudelaire, « un véritable épilogue, digne du prologue au lecteur, une réelle conclusion ». N'est-ce pas à croire que ces vers, à première lecture mystérieux, forment comme une clef de voûte, qu'ils sont le digne pendant du poème-préface maintenu au fronton du recueil et dont le sens nous est désormais connu : le travail des démons en l'homme ? Brouillant quelque peu les pistes, selon son habitude, le poète résume de la sorte le projet initial qui, se vante-t-il, sera « un joli feu d'artifice de monstruosité ». Et il ajoute : « L'Epilogue (adressé à une dame) dit à peu près ceci : laissez-moi me reposer dans l'amour. — Mais non — l'amour ne me reposera pas. — La candeur et la beauté sont dégoûtantes. — Si vous voulez me plaire et rajeunir les désirs, soyez cruelle, menteuse, libertine, crapuleuse et voleuse ; et si vous ne voulez pas être cela, je vous assommerai, sans colère. Car je suis le vrai représentant de l'ironie, et ma maladie est d'un genre absolument incurable. »

Prenant appui sur ce canevas, on a cherché dans des sensations ou des penchants personnels du poète l'explication de

CHAPITRE VI

SPLEEN ET IDÉAL

1. Spleen

Les Fleurs du Mal sont placées sous le signe du spleen. Le poème-préface *Au Lecteur* porte au premier rang des démons l'ennui. C'est le « plus laid, (le) plus méchant, (le) plus immonde » dans « la ménagerie infâme de nos vices ». Cette tristesse de l'homme est pour Baudelaire le pire ferment de la vilenie et le plus redoutable conseiller du mal : « il rêve d'échafauds » cyniquement « en fumant son houka », mais aussi rageusement, « l'œil chargé d'un pleur involontaire ». Et pour qu'on ne se méprenne pas, le poète, soupçonnant l'hypocrisie coutumière de l'homme, ricane : « Tu le connais, lecteur, — hypocrite lecteur — mon semblable, mon frère. » Pour Charles Baudelaire, à n'en pas douter, l'ennui est un vice très communément partagé et dont l'homme, semble-t-il, est affecté par sa nature. Bien mieux, à lire *Spleen* (LXXVI) et *Le Voyage,* ne croirait-on pas que c'est le partage de la création elle-même, une conséquence inéluctable de la vie dans la matière, un attribut de la matière même ?

> Désormais, tu n'es plus, ô matière vivante,
> qu'un granit entouré d'une vague d'épouvante,
> assoupi dans le fond d'un Sahara brumeux,
> un vieux sphinx ignoré du monde insoucieux,
> oublié sur la carte, et dont l'humeur farouche
> ne chante qu'aux rayons du soleil qui se couche.

Et *Le Voyage* (section VII) :

nous allons les retrouver dans les trois pages que le *Pimandre* consacre à la transmigration. « Après la mort du corps », dit Mercure Trismégiste (p. 390), tandis que l'âme pieuse « ayant combattu le combat de piété est faite Dieu... *l'âme méchante demeure en sa propre essence punie par elle-même recherchant un corps terrien,* jusqu'à ce qu'elle entre en celui d'un homme ».

François de Foix développe ce propos très net, en y insérant en abondance toute la matière de la *Vie antérieure* et du *Mauvais Moine* et avant tout l'idée inattendue d'un regret de la solitude, tourmentant l'âme dans l'au-delà. « C'est que *l'âme méchante ayant été vaincue, au combat de piété qui finit la vie, demeure non en Dieu ni pensée mais demeure en sa propre essence divine, immortelle et impassible à toutes actions corporelles et matérielles mais non des passions* », ce qui paraît bien préfigurer les « voluptés calmes » baudelairiennes en contradiction apparente avec la langueur douloureuse, comme ce qui va suivre immédiatement : « *tourments et punitions qu'elle reçoit d'elle-même étant découverte de tout voile matériel et saisie d'un regret qui tourmente et vexe tant son intelligence et claire connaissance qu'elle a lorsqu'elle n'est plus amusée ni empêchée par le corps à sentir le défaut qu'elle a commis et qui pis est le remède ayant été à sa disposition* ». C'est pourquoi elle se sait « *privée de toute société d'autres essences heureuses...* ne pouvant (même pas) désirer (leur société) mais étant punie par elle-même ». Tout ce « déplaisir » cette « infélicité », elle les ressent à cause de sa « séparation de l'essence divine ». Mais tandis que l'âme purifiée et jointe à Dieu a « la claire vision et connaissance de la couronne », c'est-à-dire de la splendeur divine, l'âme « mauvaise », donc non purifiée encore (car dans la pensée alexandrine comme dans le pythagorisme aucune âme n'est définitivement condamnée mais poursuivra son périple de transmigration jusqu'à sa purgation intégrale et son retour dans l'essence divine, ce que se garde de souligner F. de Foix) ne « recouvre claire connaissance (que) de son défaut qui est sa misère et punition inexplicable ».

Cette « punition inexplicable » à l'âme dans l'empyrée n'est-elle pas justement « le secret douloureux » que dans *La Vie antérieure* l'âme cherche en vain à « approfondir » ? Au reste, cet état incommode dont notre vie terrestre est le prologue ne forme-t-il pas les « Limbes », titre provisoire du recueil des *Fleurs du Mal* ?

On rencontre dans le livre « Spleen et Idéal » d'autres souvenirs édéniques. Et tout d'abord dans *Les Phares* où Ruff [16] aperçoit assez banalement le témoignage du refus du mal, c'est-à-dire la postulation vers Dieu. Ce poème célèbre les échos d'un paradis perdu que de grands artistes ont chanté dans leurs œuvres, soit à travers leurs extases ou leurs prières, soit indirectement à travers des malédictions ou des gémissements [17]. Et le poème conclut que ces manifestations de colère ou de louanges sont :

Un écho redit par mille labyrinthes,
Un cri répété par mille sentinelles,
Un ordre renvoyé par mille porte-voix,
Un phare allumé sur mille citadelles,
Un appel de chasseurs perdus dans le grand bois.

le meilleur témoignage à Dieu de « notre dignité ».

Dans le chapitre X du *Pimandre,* appelé « la clef », Mercure explique ainsi la hiérarchie cosmique allant de l'animal brut au divin : « le monde est sujet à Dieu, l'homme au monde et les animaux bruts à l'homme, et Dieu est sur toutes choses et autour (de) toutes choses ». Ces divers degrés de l'univers s'interpénètrent et se relient par le moyen de rayons. « *Les efficaces sont comme quelques rayons de Dieu. Les rayons du monde sont les natures, les rayons des hommes sont les arts et les sciences* », précisément comme chez Baudelaire, « *lesquelles procèdent de la sainte image de Dieu, entendement humain, comme les rayons du soleil* » (p. 400). Si l'on met à part le terme de « phares » qu'il a pu trouver ailleurs [18], ne serait-ce pas ici que Baudelaire emprunta l'idée des artistes, « phares » de l'humanité, témoins de notre dignité préservée, c'est-à-dire de notre essence immortelle ?

François de Foix poursuit en effet : « *Tout art et science procédant de l'homme prend en lui sa source de sa partie principale qui est la divine pensée ou entendement* », car ces hautes manifestations de l'intelligence « *ont été envoyées ici-bas par son créateur pour son service et utilité* ». De sorte que les arts et les sciences sont, dans la pensée du comte de Foix, le

16. Ruff, *L'esprit du mal,* pp. 291-292.

17. Crépet et Blin (Éd. crit. *Fleurs du Mal,* pp. 303-305).

18. Crépet et Blin (Éd. crit. *Fleurs du Mal,* pp. 303-305) ont rassemblé les textes sur les influences possibles de l'aspect extérieur du poème et sur l'origine — bien incertaine — du terme.

lien direct entre le divin et l'humain, proprement l'objet essentiel de ces rayons des hommes qui, à l'instar des « phares » baudelairiens, signalent la noblesse de notre essence immortelle.

L'Irréparable a de même un couronnement mystique où le poète nous laisse entrevoir un monde idéal. A l'issue de visions terrifiantes autant que déprimantes, quand « le Diable a tout éteint aux carreaux de l'Auberge », voici qu'un songe visite le poète désespéré :

> *J'ai vu* parfois au fond d'un *théâtre banal*
> *qu'enflammait l'orchestre sonore,*
> une fée *allumer dans un ciel infernal*
> *une miraculeuse aurore ;*
> J'ai vu parfois au fond d'un théâtre banal
>
> *un être qui n'était que lumière, or et gaze,*
> *terrasser l'énorme Satan ;*
> mais *mon cœur, que jamais ne visite l'extase,*
> est un théâtre où l'on attend
> *toujours, toujours en vain, l'être aux ailes de gaze.*

On a eu raison, bien sûr, de rappeler [19], à propos de ces vers, le thème assez voisin d'une pièce insipide des frères Cogniard, *La Belle aux cheveux d'or,* reprise au théâtre de la Porte Saint-Martin en 1853, par Marie Daubrun qu'à l'époque courtisait Baudelaire. Dans le tableau final de la pièce et son « triomphe » on voyait les amants comblés, s'agenouiller devant la Fée des Roseaux et les génies bienfaisants. Crépet et Blin [20] ont inventorié les autres réminiscences ; ainsi : « tout est éteint aux carreaux de l'Auberge » rappelant le jeu de scène de l'héroïne qui se réfugie dans un asile dont les Diables aussitôt éteignent les lumières. Tout cela n'éclaire pas le message philosophique de l'*Irréparable* annoncé par le titre.

Or, dans les premières pages du *Pimandre* que nous avons déjà évoquées à propos d'*Alchimie de la douleur,* Tat émerveillé par le spectacle d'une vision céleste s'écrie : « *Lors je vois un spectacle indéterminé,* à savoir *toutes choses converties en lumière, chose merveilleusement douce* et délectacle, *laquelle voyant j'ai été pris d'amour* », c'est-à-dire ravi, en extase, « à cause, précise le commentaire, que cette vision lui était faite

19. Crépet et Blin, *op. cit.*, p. 391, et Jean Pommier, *Dialogues,* p. 160.
20. *Ibid.*

en l'intelligence seule disposée à connaître Dieu, et non en ses sens corporels qui sont incapables d'amours « mystiques ». « *Peu après les ténèbres étaient portées en bas...* en parties terribles et odieuses, obliquement terminées, de manière qu'il me semblait les voyant qu'elles se transformaient en quelque nature humide, *de telle sorte agitée qu'il ne se peut dire jetant une fumée comme d'un feu et faisant un son plaintif* qui ne peut être exprimé. *Ensuivait une voix sortant d'icelle* sans prolation (= non articulée) qui me semblait *la voix de la lumière* » (p. 5), ce qu'elle était en effet, car, dira Mercure « cette lumière, *c'est moi, ton Dieu, Pensée,* plus ancien que nature humide qui reluisait des ténèbres » (p. 9).

Ce spectacle, combien plus mystique que la misérable scène du mélodrame — sur le souvenir de laquelle la vision hermétique a fort bien pu se greffer — rappelle bien cet « être qui n'était que lumière, or et gaze » allumant « dans un ciel infernal une miraculeuse aurore » et terrassant Satan, au son d'un « orchestre sonore ». Le poète, il est vrai, se plaint de n'être pas de ces privilégiés que visite l'extase. Mais le miracle dont bénéficie Tat n'est à la portée que de quelques élus. Au reste, dans sa préface au *Pimandre,* le comte de Foix n'annonce-t-il pas, résumant le chapitre X, que le lecteur y trouvera des propos « sur la *faculté de l'âme (de) pouvoir recevoir la félicité qu'elle attend pendant qu'elle sera en ce corps mortel* », qu'elle attend dès lors en vain avant la mort, comme le poète « attend toujours, toujours en vain, l'Être aux ailes de gaze ».

Conclusion décourageante. Elle n'en laisse pas moins entrevoir qu'il existe ou qu'il peut exister des êtres plus fortunés. Ceux-là, tel Tat, perceront le mur ; et de toute manière il y a, au-delà, l'éden espéré.

On trouve dans « Spleen et idéal » quelques autres poèmes chargés d'une vision pleine d'espoir. D'abord *Le Flambeau vivant.* Bien sûr, là aussi, le poète chante les yeux de Mme Sabatier, à qui il envoie des vers le 7 février 1854, lui dédiant peut-être — comble d'hypocrisie ou de cynisme — un morceau qui, supposent Crépet et Blin [21], célébrait initialement les yeux de Marie Daubrun, ce que ces commentateurs déduisent d'une lettre à l'actrice, rappelant le thème et jusqu'au vocabulaire du poème : « Vos yeux ne peuvent inspirer au poète qu'un amour immortel... Je vous

21. *Op. cit.,* p. 369.

aime, Marie, c'est indéniable ; mais l'amour que je ressens pour vous, c'est celui du chrétien pour son Dieu... j'étais mort, vous m'avez fait renaître. Oh, vous ne savez pas tout ce que je vous dois. J'ai puisé dans votre regard d'ange des joies ignorées ; vos yeux m'ont initié au bonheur de l'âme, dans tout ce qu'il a de plus parfait, de plus délicat... vous êtes la partie de moi-même qu'une essence spirituelle a formée. » Mais une fois de plus, pareilles identifications ne nous révèlent guère qu'un prétexte, ici d'ailleurs vite oublié peut-être, simple moule d'une pensée philosophique à tout prendre plus précieuse au poète. Relisons ces vers enflammés :

> *Ils marchent devant moi,* ces *Yeux pleins de lumières,*
> qu'un Ange très savant a sans doute *aimantés* ;
> *ils marchent, ces divins frères* qui sont mes frères,
> secouant dans mes yeux leurs feux diamantés ;
>
> me sauvant de tout piège et de tout péché grave,
> *ils conduisent mes pas dans la route du Beau...*
>
> Charmants Yeux, vous brillez de la *clarté mystique*
> qu'ont les cierges brûlant en plein jour ; *le soleil*
> *rougit, mais n'éteint pas leur flamme fantastique ;*
>
> *ils célèbrent la Mort, vous chantez le Réveil ;*
> *vous marchez en chantant le réveil de mon âme,*
> *astres dont nul soleil ne peut flétrir la flamme.*

L'arsenal de ces images, avant tout celles, essentielles, d'une aimantation, d'un guidage, et celles de la supériorité d'une lumière spirituelle éclipsant le soleil, l'idée de réveil spirituel et celle de chant de gloire, se trouvent réunies dans deux passages voisins du *Pimandre* : « Tu nous as remplis d'une bonne et très belle vision et peu s'en faut que *l'œil de ma pensée ne soit fait plus saint par un tel spectacle. Ce n'est pas comme le rayon du soleil (qui) étant de feu par sa lumière, émeut et fait cligner les yeux, ainsi la contemplation du Bien. Mais au contraire elle illumine autant que chacun peut en soi permettre l'influence de l'intelligible lueur* » (p. 335). Cette sainte « pensée entrant en une bonne âme, *la conduit à la lumière de connaissance* [commentaire : « *mort du sage et du fol être* (de) même »], et *cette âme ne se contient jamais de chanter louanges à Dieu* » « pour toutes œuvres de contemplation par lesquelles toutes essences divines et créatures spirituelles confirmées en grâce ne cessent jamais de louer, remercier, honorer et exalter Dieu ».

3. Le gouffre

On a beaucoup parlé des expériences mystiques de Charles Baudelaire. Le mot n'est-il pas impropre ? Certes, le poète des *Fleurs* rappelle non sans ostentation sa « tendance à la mysticité ; (ses) conversations avec Dieu », et cela « dès (son) enfance ». Mais les comparaisons sur lesquelles il fonde ses développements sur l'extase musicale dans *Richard Wagner et Tannhäuser* portent à croire qu'il ne fut pas dupe de ces prétendus ravissements « faits de volupté et de connaissance ». Ne songeait-il pas davantage aux synesthésies et aux rapports des arts entre eux, bien dégagés par Jean Pommier[22] ? Et n'est-ce pas pour cela qu'il formule dans sa synthèse la vision de l' « espace étendu jusqu'aux dernières limites concevables » ? Tout ce qui est concevable pour l'esprit humain est définissable, donc fini, à l'opposé du mystique essentiellement incommensurable, non fini.

A dire vrai, s'il pressent partout l'infini[23], nul ne paraît aussi mal préparé à l'expérience proprement mystique faite au premier degré de non-vouloir et de passivité, d'humilité et de renoncement. Impitoyablement sincère avec lui-même, Baudelaire avouera que des cérébraux de son espèce n'entrent au pays de l'infini qu'au jour du grand voyage.

Aussi est-ce par un biais qu'il espère échapper à l'étreinte de nos réalités sensibles. Il cherche à « augmenter toutes ses facultés », et, par les hyperesthésies, connaître le vertige de l'hybris. Il en fait l'expérience sous la forme très personnelle de la « sensation du gouffre ». « *Au moral comme au physique, j'ai toujours eu la sensation du gouffre, non seulement du gouffre du sommeil, mais du gouffre de l'action, du rêve, du souvenir, du désir, du regret, du remords, du beau, du nombre, etc..* » Dans ce qui n'était peut-être qu'une première manifestation du mal, il pensait tenir la voie de la transcendance et il cultivait

22. *La Mystique de Baudelaire,* pp. 3 à 15.

23. Dans *Les Paradis artificiels,* Baudelaire s'écrie : « Hélas ! les vices de l'homme, si pleins d'horreur qu'on les suppose, contiennent la preuve (quand ce ne serait que leur infinie expansion), de son goût de l'infini ; seulement, c'est un goût qui se trompe souvent de route. » On pourrait citer nombre d'autres textes.

cette « hystérie avec jouissance et terreur », afin d'échapper au monde formel, aux réalités finies, de pénétrer dans le monde de « l'infini », de passer du monde des Nombres et des Êtres, monde formel[24], au monde de l'Un quintessentiel, informel. C'est l'un des thèmes de son poème *Le Gouffre :*

> Pascal avait son gouffre, avec lui se mouvant.
> — *Hélas ! tout est abîme — action, désir, rêve,*
> *parole !* Et sur mon poil qui tout droit se relève
> mainte fois de la *Peur* je sens passer le vent.
>
> *En haut, en bas, partout, la profondeur, la grève,*
> *le silence, l'espace affreux et captivant...*
> sur le fond de mes nuits Dieu de son doigt savant
> dessine un cauchemar multiforme et sans trêve.
>
> *J'ai peur du sommeil, comme on a peur d'un grand trou,*
> tout plein de vague horreur, menant on ne sait où ;
> *je ne vois qu'infini par toutes les fenêtres,*
>
> et mon esprit, toujours du *vertige* hanté,
> jalouse *du néant l'insensibilité.*
> — *Ah ! ne jamais sortir des Nombres et des Êtres !*

On pourrait soutenir, contre l'interprétation usuelle, que si le poète a posé un tiret au début du second et du dernier vers, c'était non par fantaisie typographique, mais pour marquer — comme il l'a fait ailleurs — qu'on assiste ici à un dialogue. Quoi qu'il en soit, Baudelaire nous livre le reflet d'un débat spirituel, entre l'aspect supérieur de l'âme, pressentant l'infini et l'Unité essentielle, et son aspect inférieur inféodé à la matière ou multiple, cohabitant en l'homme, ainsi que ne cessent de le proclamer Swedenborg aussi bien que le *Pimandre.* Et cela même suffirait à expliquer l'insoluble contradiction entre le dernier vers et tous les précédents : l'âme inférieure attachée à la matière se refuse à sortir « des Nombres et des Êtres », du multiple, du monde formel. Il me paraît erroné de dire que ce dernier vers exprime un regret ou un souhait : c'est un refus dans l'effroi.

24. J'adopte, quant aux termes, l'interprétation de Pommier (*La Mystique,* p. 150) et de Blin (*Baudelaire,* p. 104) contre celle de Ferran (*Poésies choisies,* p. 53), sans pour autant partager leur façon d'entendre le vers final dans le sens : « Quel supplice de ne jamais sortir des limites du formel ! »

On le sait — et c'est un lieu commun de l'expérience mystique —, à l'approche de l'état d'extase, le mystique est fréquemment pris d'une angoisse qui va jusqu'aux affres et qui peut s'expliquer par la crainte qu'éprouve l'être charnel de quitter son élément coutumier. Baudelaire ne le savait-il que d'ouï-dire ? En avait-il une expérience vécue en cultivant « avec jouissance et terreur » la sensation du gouffre, description parfaitement congruente de l'attirance ou du vertige à l'instant du grand saut ? *Le Gouffre* ne serait plus alors que la mise en scène de cette expérience personnelle, puisqu'on y retrouve les termes mêmes de la note : « gouffre ou abîme de l'action, du rêve, du désir ».

L'âme supérieure pressent l'infini, le voit ou plutôt l'entrevoit par toutes les fenêtres, mais le redoute, est prise d'effroi et d'horreur, tout en le désirant, le souhaitant. A tel point que l'âme en arrive à appeler « l'insensibilité du néant ». La réponse de l'âme inférieure clôt le débat et confesse ce qu'avouait le poète dans *L'Irréparable :* l'extase véritable ne visite jamais son cœur ; il demeure sur le seuil du monde ineffable qui l'effraie et qu'il voudrait analyser, ce qui interrompt le voyage mystique.

On pourrait expliquer de la sorte les notes et les vers sur le Gouffre, s'il était hors de doute que le poète a tiré de son imagination l'essentiel de cette imagerie et de leur commentaire philosophique. Mais dans le chapitre XIII du *Pimandre* qui a déjà fourni à mon sens tant de matière aux *Fleurs du Mal,* on relève un dialogue de tout point comparable entre Mercure Trismégiste en état d'extase, sorti du monde formel, et son disciple Tat, lequel, constatant que son propre corps est affecté des trois dimensions (c'est-à-dire sujet aux mesures, au nombre, au multiple) se sent pris de vertige et de crainte. Alors, Mercure l'incite à quitter le monde sensible, le monde des nombres, toutefois autrement qu'en dormant et dans le rêve.

Avant de reproduire ce passage, je dois observer que le texte de François de Foix, traduit d'une version aberrante, est assez différent de celui, moins complet, publié par Ménard, et que lui seul contient plusieurs particularités rappelant le poème baudelairien.

Tat désire savoir de quelle matière et de quelle semence est issu l'homme régénéré. Son intelligence limitée, disons même naïve, se figure que la régénération se fera dans la chair, alors qu'elle est une transmutation purement spirituelle. Le Trismégiste répond (p. 565) : C'est par « la sapience intelligible en

(= dans le) silence »[25] que s'opère la régénération. Et F. de Foix complète : « La sapience intelligible en silence est la matrice (spirituelle) de laquelle doit naître celui qui sera régénéré. » Tat étant déconcerté, Mercure explique que l'homme sera comme Dieu pourvu de toute puissance. Mais il coupe court à de nouvelles questions en proclamant : la doctrine « de régénération ne s'enseigne pas mais (nous est) donnée... (étant) ramenée de Dieu en la mémoire (des hommes) toutes les fois qu'il lui plaît ». Il entend évidemment dire par là que cet état ne peut se décrire en paroles, mais peut seulement être expérimenté dans l'extase. Alors Tat proteste avec véhémence ; il ne peut admettre qu'il soit exclu de cette connaissance si ardemment souhaitée. Il provoque ainsi cette profession de foi de Mercure parlant en état d'extase et cherchant à communiquer sa vision à son disciple demeuré dans le corps mortel ou matière « bâtie » : « Que parlerai-je, ô mon fils ? Je n'ai (rien) à dire sinon ceci : je vois en moi quelque spectacle être engendré par la miséricorde de Dieu, non bâti, et *suis issu* (= sorti) *de moi-même en mon corps immortel :* et suis maintenant non celui qui j'étais auparavant mais je suis né en (la) pensée. Ce fait ne s'enseigne pas et ainsi (il) *n'est* (pas) *permis* (de) *le voir pour ce bâtiment*[26] *élémentaire,* à cause de quoi j'ai méprisé ma forme premièrement composée », la forme mesurable, celle du nombre.

Le lecteur qui n'est pas familiarisé avec le langage des mystiques éprouvera quelque difficulté à pénétrer le sens de ces phrases. Mercure a conscience qu'il est sorti de sa nature corporelle, formelle, de sa forme primitive, « premièrement composée » de matière et non point simple comme l'esprit essentiel. Connaissant l'incomparable supériorité de son état nouveau, l'état d'extase ou d'union avec le principe divin, il « méprise » derechef sa forme précédente grossièrement matérielle. Dans cet état second, grâce à la miséricorde de Dieu, il lui est permis d'échapper à la limitation de la matière, d'être, comme dit le commentaire, « transporté ou changé en un corps immortel » et, par l'effet de cette « grandissime mutation », il « voit en (lui) même quelque spectacle... non bâti » donc, complète encore le

25. Traduction littérale et irréprochable, identique à celle de Festugière (*Hermès Trismégiste, Poïmandrès*, éd. Les Belles Lettres, t. II, p. 200) : « c'est la Sagesse intelligente dans le silence », tandis que Ménard commet ici un contresens en transcrivant : « la sagesse idéale est dans le silence ».

26. On observera au passage l'affection de F. de Foix pour le terme de « bâtiment » désignant le corps humain, comme fait Baudelaire dans *L'Irréparable*.

commentateur, ni « créé ni composé d'aucune manière de chose corporelle ».

Autrement dit, il voit le non-multiple, l'infini qui à la vérité est de la même essence que lui-même en son corps immortel, mais qu'il n'est pas permis de « voir par (= à travers) le bâtiment élémentaire », le corps, « *ces murailles de terre que sont les corps humains* », image qui paraît faire pendant à celle de Baudelaire « qui ne voit qu'infini par toutes les fenêtres ».

Ayant ainsi transcendé la matière, Mercure peut dire selon une formule encore en usage chez les mystiques d'Orient qui se disent deux fois nés ou renés en l'esprit : « Je suis né de tout (= totalement), converti en (la pensée), n'ayant plus (= ne tenant plus) en aucun amour ou estime quelque chose matérielle (que ce soit), mon esprit étant ravi de ces divines vertus », autrement dit l'esprit en ravissement extatique ayant perdu tout intérêt pour le monde de matière, sensation commune à tous les mystiques. Sur cette définition de l'état second, François de Foix greffe des développements sur la transsubstantiation, étrangers à notre débat et du reste à l'hermétisme, mais qui proclament l'incapacité du corps matériel de concevoir le corps spirituel, puisque « notre corps ne peut porter cette félicité de (la) régénération sans être purifié et mondé de toute mort et imperfection ».

Voilà l'image de l'état extatique, vision directe de l'essence divine offerte par Mercure à son disciple Tat. C'est immédiatement après (p. 584), que se situe le dialogue suivant dont Ménard, comme les éditeurs modernes du *Pimandre,* ignore les deux premières répliques si importantes pour notre propos :

« O — mon père (ne) *suis-je point aliéné* (= étonné jusqu'à la folie) maintenant de ces choses (que tu viens de m'apprendre), *à cause que je suis taché* (= souillé par le mal inhérent à la matière) *et que j'ai attouchement et mesure en moi* (= que je vis dans le monde des sens, du palpable et du mesurable) ?

» — O mon fils, tu me vois des yeux quand tu me considères me regardant ferme de ta vue corporelle : mais *je ne regarde pas maintenant de ces yeux,* ô mon fils. (C'est-à-dire tu fais erreur en croyant que tu peux voir mon état — l'état d'union mystique — avec tes yeux de chair ; je t'apparais à cette heure en une forme non visible pour l'œil corporel.)

» — O mon père, tu m'as attiré en une manie (= une folie) qui n'est pas petite, et en un aiguillon de pensée (= égarement d'esprit) : car *maintenant je ne me vois même* (= je ne me vois plus dans mon état habituel, corporel, mais dans l'état mystique, spirituel).

» — O mon fils, *je désirerais qu'à la manière de ceux qui voient en songe tu fusses issu de toi-même* (= sorti de toi-même), sans dormir toutefois. » Autrement dit, Mercure souhaite que Tat connaisse par un ravissement véritable et non par un triple songe l'extase mystique semblable à celle où il se trouve lui-même à cette heure.

Cette petite scène nous montre donc Tat sentant l'approche de l'extase mais ne la comprenant pas. Il constate que son jugement se brouille (au sens limité de l'entendement normal), que son intelligence chancelle, comme s'il devenait fou. Il s'effraie ; le monde sensible l'agrippe. « *J'ai attouchement,* dit le commentaire, *et pur usage de ce sens corporel qui me manifeste avoir corps matériel pourvu de sens, et j'ai mesure en moi, c'est à savoir les trois dimensions auxquelles tout corps est sujet qui est longueur, largeur et hauteur.* » Ce monde sujet aux mesures et aux nombres veut l'empêcher de franchir le seuil de l'ineffable. La raison persiste à lui proposer des notions logiques et lui laisse croire un instant encore qu'il peut voir par les yeux de chair ce qu'il est interdit à l'homme de voir à travers le corps ou bâtiment élémentaire. Et soudain la cloison est abattue, et il entrevoit l'état second, toutefois sans parvenir encore à entrer tout à fait en extase, état dont il pressent la nature voisine du rêve. La carcasse résiste et l'expérience s'achève sur le vœu de Mercure qui voudrait le voir passer en ravissement dans l'état de veille. « Et *cette manière de ravissement ou extase,* ajoute le commentaire, *advient à ceux qui d'un désir ardent et volonté fort résolue se retirent de tous bruits, de toutes occasions d'être recherchés soit pour négociations ou tous autres empêchements, recherchant tout repos en corps que les sens lui demeurent oisifs.* »

C'est bien au même débat que nous fait assister *Le Gouffre.* D'un côté l'âme sent l'approche de l'état second avec tous les symptômes qu'énumèrent Mercure et François de Foix : fin du formel et des trois dimensions, de l'espace, de l'action, de l'agitation, du bruit, de la parole, du rêve ; de l'autre côté le corps résiste, s'accrochant à son monde du palpable et du mesurable et résumant son anxiété dans ce cri : « Ah, ne jamais sortir des Nombres et des Êtres. »

Et de même que Baudelaire sent l'abîme « en haut, en bas,

partout, la profondeur... l'espace affreux et captivant », de même Mercure enseigne dans un autre verset que, dans ses extases, l'homme purifié par l'abandon des sens « *monte au ciel et ainsi le mesure et sait quelles hauteurs il a et quelles profondeurs. Et qui plus est... tout en délaissant la terre il est en haut, si ample est sa grandeur à s'étendre* ». Ce que le commentaire développe ainsi : « *Son âme* pourvue de la divine pensée, cependant que son corps est tenu ici-bas, *a liberté de se promener en ses connaissances et intelligences non seulement à... traverser les murs, pénétrer un feu ardent, visiter les abîmes, courir tous les arts et sciences... mais passer outre vers le ciel auquel elle monte sans difficulté et se trouve non comme y allant mais comme y étant* » (p. 411).

Concluant son long commentaire sur l'extase de Tat, le comte de Foix donne toute sa valeur à l'expérience mystique à laquelle Mercure venait de convier son disciple : « *Et c'est la vraie entrée de la régénération.* »

Charles Baudelaire n'attachait guère moins de prix à son « sentiment du Gouffre » qu'il liait à ses « conversations avec Dieu ». C'est pourquoi, dans *L'Aube spirituelle* dont nous connaissons les intentions à la fois hermétiques et mystiques, le poète mentionne que le *Ciel spirituel « s'ouvre et s'enfonce avec l'attirance du gouffre »*.

Voilà donc, éparpillés à travers tout le livre *Spleen et idéal,* des lambeaux de l'idéal baudelairien d'aspect nettement hermétique. Cet idéal, que nous propose-t-il au juste ? Sur l'écran de nos cauchemars et dans les ténèbres de notre vie terrestre apparaissent les reflets, les souvenirs d'un monde édénique d'avant l'inéluctable dégradation de la matière et donc d'avant la génération humaine et sa chute dans le corps affecté de mal. Reflets pâles et tremblants comme ceux des étoiles dans un puits profond et bourbeux. Par instants, et sans cesse davantage à mesure que l'homme se purifie, le souvenir de l'état adamique renaît au fond de nous et se fortifie. Ainsi le fil n'est pas coupé entre les deux extrémités de l'univers, l'humain et le divin : mais les chances sont faibles pour l'homme, avant mainte et mainte réincarnation et transmigration, d'échapper à ces « bouillons » de la matière corrompue, aux corruptions qui affectent l'humanité dès l'origine, l'individu dès sa naissance. Les chances sont faibles de s'évader de « la geôle » du corps et de ses ténèbres. Rares sont ceux qui y atteignent d'un seul coup par la grâce de l'extase. Guère plus nombreux sont ceux qui, par un long travail spirituel, une lente et difficile ascèse, opéreront la régénération intérieure.

Cependant, par le moyen de la douleur, par le progressif détachement des concupiscences, une concentration croissante de la volonté, en gardant la lucidité parfaite, la conscience dans le mal, en n'adhérant point aux inéluctables déportements du corps, en préservant ainsi ce qui nous demeure présent de « l'antique conscience » de la divinité de l'âme intérieure, quelques privilégiés sauront retrouver l'accès difficile mais certain du paradis perdu par un décret du destin. Ceux-là, ces élus souffrent davantage des sujétions du corps, mais leur souffrance est bénéfique, elle est pour nous tous l'unique remède, une véritable bénédiction de Dieu.

La plupart des poèmes noirs chantent de la sorte le douloureux souvenir de la vie édénique de l'âme, préservée au milieu de notre inéluctable déchéance au fond de notre prison d'obscurité. Au plus profond de son malheur, l'homme gémit : *De profundis clamavi et te, Domine :* « du fond du gouffre obscur où mon cœur est tombé », là « où nagent dans la nuit l'horreur et le blasphème ». L'homme ne devrait-il pas plutôt réclamer « le sort des plus vils animaux qui peuvent se plonger dans un sommeil stupide ? » Et voici qu'au comble de sa misère et de sa tristesse, de son « spleen », il retrouve l'écho de son « idéal » présent au fond, au tréfonds de l'âme, en un éloignement désespérant, épuisant et néanmoins rempli d'une ultime certitude.

On a eu tort de contester à Baudelaire la congruence de ce titre inattendu de « Spleen et Idéal »[27]. Au demeurant l'a-t-il inventé tout à fait ? Ne l'aurait-il pas rencontré presque tout formé dans ce passage du *Pimandre* sur la tristesse : « La connaissance de la joie nous est venue ; elle étant approchée, la tristesse s'enfuira » (p. 598) ?

4. Enfer ou Ciel, qu'importe !

Ce cri sur lequel s'achève *Le Voyage* et aussi le recueil des *Fleurs du Mal* a inspiré les réflexions les plus contradictoires. Et l'on pourrait en effet se demander pourquoi Baudelaire,

27. Ruff (*Baudelaire*, p. 105) conclut dans le même sens que moi, quoique pour des raisons différentes.

après mainte allusion à un éden possible, semble tout à coup indifférent à son sort et appeler la mort, vaille que vaille, lui réclamant son philtre :

> Verse-nous ton poison pour qu'il nous réconforte !
> Nous voulons, tant ce feu nous brûle le cerveau,
> plonger au fond du gouffre. Enfer ou Ciel, qu'importe ?
> au fond de l'Inconnu pour trouver du *nouveau !*

On l'a souvent fait observer, l'angoisse de la Mort est absente de l'œuvre baudelairienne. Métaphysiquement le poète ne craint pas le grand saut [28]. Il n'est que de relire ses réflexions sur le suicide qui l'avait maintes fois tenté. Nous avons, dans certaines, une affirmation de la métempsychose, dans chacune la certitude que tout n'est pas joué à la fin de l'existence présente. Et cela, malgré le refus de croire à la Réversibilité et à la Grâce : « Meurs, vieux lâche, il est trop tard. » Mais quel acte ou quel dénouement succède à la fin du corps ? Quel « nouveau » peut-on espérer après le passage ? Nous n'avons fait qu'entrevoir la régénération, l'aube spirituelle, la « place » réservée au poète dans l'au-delà plus littéraire que métaphysique pressenti dans *Bénédiction.* Et Baudelaire se borne à quelques vagues allusions à la métempsychose, dans une œuvre où la mort tient une place primordiale. Faut-il souscrire, comme le font Crépet et Blin [29], à la formule de Thibaudet [30] pour qui la mort n'est ici « ni un espoir de paradis, ni une épuration par les épreuves, ni une chute dans l'enfer » mais « un passage dans les limbes », réponse tirée, semble-t-il, du projet de titre des *Fleurs du Mal,* « Les Limbes », le « passage » pouvant bien viser les cycles de l'âme enseignés par les Mystères grecs ?

Le *Pimandre* auquel Baudelaire a tellement emprunté accorde peu de place à la mort, puisque le thème du *Corpus hermeticum* tout entier est la destinée de l'âme avant, pendant et après le passage sur terre. La mort, « dissolution du corps », n'est qu'une phase de la mutation nécessaire. Le verset 11 du chapitre XV adopte cependant cette vision sereine qui devait séduire le dandy : « La mort effraie le vulgaire (qui la tient)

28. Physiquement, c'est autre chose. N'écrit-il pas à sa mère, le 13 décembre 1862 : « Aucune de mes infirmités ne m'a quitté : ...ni la peur, surtout ; la peur de mourir subitement... »
29. *Op. cit.*, p. 265.
30. *Histoire de la Littérature,* p. 328.

comme étant un très grand mal, par l'ignorance du fait » (p. 678). « Car à la vérité, complète F. de Foix, la mort n'étant abolition ou perte de chose quelconque, que de l'usage des sens, ce sont les sensuels et qui en leur vie auront suivi la concupiscence des sens, qui la craignent le plus » (p. 679). On ne saurait mieux couronner les vertus du dandysme, mieux marquer au fer rouge toutes les erreurs de l'humanité que le poète résume dans la section VI du *Voyage.*

Pour le surplus, l'hermétisme enseigne des réincarnations successives — sous des espèces diverses — qui aboutissent à la purification et finalement au retour de l'âme dans l'empyrée en tant que « dieu ». Respectant le caractère traditionnellement secret de ce dogme, le *Pimandre* n'y fait qu'une allusion fugitive, quoique nette, sur laquelle l'évêque de Foix passe pudiquement : « Les choses étant ainsi, ô Tat, une partie certainement nous a été donnée de Dieu et sera donnée, mais aussi qu'une partie s'ensuive de nous, qui soit retardée. Vu que de vrai Dieu n'est pas cause, mais nous sommes cause des maux qui les préposons aux biens. Vois-tu, ô mon fils, *par combien de corps il nous faut passer, par combien de compagnies et continuité d'esprits et cours d'étoiles, pour nous avancer vers un et seul Dieu. A plusieurs difficultés l'on atteint le bien qui est sans terme, sans fin* et quant à lui sans commencement » (p. 172).

On ne saurait pourtant mieux marquer les incertitudes qui attendent l'âme après la présente existence : demain n'est pas fait de l'immédiate mutation définitive ; on part vers de nouveaux avatars, de nouvelles épreuves, de nouvelles péripéties sur le long périple devant aboutir à la fusion au sein du divin. Rien qui ressemble à l'enfer ou au purgatoire chrétiens ni même aux limbes.

Car n'est-ce pas justement à cause de la nécessité ouverte par le destin hermétique et aussi de l'incertitude sur les formes du lendemain que le poète se jette si gaîment ou plutôt avec tant de fatalisme dans le gouffre de la mort ? Il n'implore pas la Grâce. Il fait un constat : cette vie est pure vanité, dans l'étau du *fatum* qui bloque l'évolution ; le monde n'est qu'une « oasis d'horreur dans un désert d'ennui ». Rien de plus à espérer. Il a hâte de poursuivre un périple inéluctable, pas nécessairement plus heureux mais autre. Il ne connaît même pas l'état de sa corruption ou de sa catharsis, ce n'est pas son affaire. Lui, il lui faut partir le plus tôt qu'il peut, tenter la suite.

Au reste *Le Voyage* ne doit peut-être pas nous faire oublier la fin de *Bohémiens en voyage* qui prend place immédiatement après *La Vie antérieure :*

> ...ces voyageurs, pour lesquels est ouvert
> l'empire familier des ténèbres futures.

Simple « nostalgie du voyage »[31] ou allusion à cette même errance de l'âme de cycle en cycle, de ténèbres en ténèbres jusqu'à l'ultime et lointaine fin ?

Si l'on ne se laisse plus duper par le vocabulaire biblique d'Enfer et de Ciel que, fidèle à son procédé, le poète a substitué, à l'exemple de F. de Foix, au vocabulaire hermétique, comme partout ailleurs, comme dans *Bénédiction,* comme pour le singulier « Satan Trismégiste », le cri baudelairien, loin de toute provocation ou de tout blasphème, devient la claire vision de ce que l'hermétisme tient pour une réalité métaphysique[32].

Il est vrai que Baudelaire recourt à la même alternative dans *Hymne à la Beauté :*

> ...Que tu viennes du ciel ou de l'enfer, qu'importe,
> ô Beauté !...
> .. ..
> De Satan ou de Dieu, qu'importe ? Ange ou Sirène,
> qu'importe, si tu rends...
> l'univers moins hideux et les instants moins lourds ?

Pour le surplus, le poème chante l'ivresse et la perversion — « bienfait » et « crime » —, l'horreur et le charme de la Beauté aveuglant à ce point le monde que « le Destin charmé suit tes jupons comme un chien ». Avons-nous bien là, comme le voudrait Jean Royère[33], « un abrégé de sa mystique et comme la somme de son érotologie » ? Est-ce au contraire qu'ici Baudelaire demande à Satan « comme à Dieu et au même titre, de le confirmer dans ce malheur d'exister » qu'il avait vocation de transmettre en témoignage, et « pourvu que le témoignage soit transmis, pourvu que la note soit juste, pourvu que le poème

31. Crépet et Blin, Éd. crit. *Fleurs du Mal,* p. 318.

32. On voit mal comment, selon Ruff (*Baudelaire,* p. 93), les poèmes de Baudelaire sur « La Mort » « opposaient tous les trois aux insuffisances et misères terrestres une foi ardente dans les compensations de la vie future, selon la théologie chrétienne la plus orthodoxe ». Quel chrétien partirait avec le cri « Enfer ou ciel, qu'importe ! » ?

33. *Poèmes d'amour de Baudelaire* (Albin Michel, 1927), p. 117.

soit écrit, qu'importe Satan ou Dieu ? »[34]. Mais le biais de l'art pour l'art, vieux recours des critiques en mal d'explication, n'est-il pas encore plus inadéquat pour l'auteur de *Fleurs du Mal,* n'en déplaise à mon vieux maître Jean Pommier avec son mot fulgurant : « Ni théologien, ni croyant, c'est un poète »[35] ? Je lui accorde le théologien et le croyant — sous réserve de ma conclusion — ; il reste l'homme préoccupé plus que tout autre, à tout instant, du problème de notre condition dans l'univers[36].

L'Hymne à la Beauté est-il donc en contradiction avec l'épilogue du *Voyage ?* Dans l'Hymne, le poète s'identifie à celui qui s'abandonne aux ivresses, à l'ignorance, à l'Ennemi rendant « l'amoureux pantelant », comme *Le Possédé* au « corps tremblant de désir » adorant Belzébuth. Mettant en œuvre cette vision de *La Destruction :* « Parfois (Satan) prend, sachant mon grand amour de l'Art, la forme de la plus séduisante des femmes », Baudelaire nous montre ici l'adorateur de la Beauté succombant au « vice » de l'Ennui — dont nous connaissons désormais la nature de « démon vengeur » —, s'abandonnant de même aux philtres de la Forme — dont nous savons que, dans la métaphysique hermétique adoptée par le poète, elle est le Mal. Ce n'est pas à l'auteur que le destin indiffère, c'est à l'ignorant qui se vautre aussi bien dans la perversion, qui cherche la « multiplication » « dans la chair extérieure » contraire de la « centralisation du moi ». Que cette tentation, cette « joie de descendre » ait frôlé, voire souvent habité Baudelaire, l'amant de Louchette, puis de Jeanne Duval, qui en douterait[37] ? Pour

34. Milner, *Le Diable,* t. II, p. 483.

35. *Dialogues,* p. 171.

36. A preuve encore cette note de *Mon cœur mis à nu :* « Presque toute notre vie est employée à des curiosités niaises. En revanche, il y a des choses qui devraient exciter la curiosité des hommes au plus haut degré, et qui, à en juger par leur train de vie ordinaire, ne leur en inspirent aucune.

» Où sont nos amis morts ?
» Pourquoi sommes-nous ici ?
» Venons-nous de quelque part ?
» Qu'est-ce que liberté ?
» Peut-elle s'accorder avec la loi providentielle ?
» Le nombre des âmes est-il fini ou infini ?
» Et le nombre des terres habitables ?
» Etc., etc... »

37. N'est-ce pas à cette tentation qu'il faut attribuer ce mot de Baudelaire à sa mère : « J'ai une soif diabolique de jouissance, de gloire et de puissance » (lettre du 4 novembre 1856) ? Peut-on lui imputer de « se trouver » ici « sur le point de sceller le pacte infernal » (Blin, *Le Sadisme de Baudelaire,* p. 80) ? Et quand il écrit à la même : « J'ai une haine sauvage contre tous les hommes,

la décrire si bien il faut l'avoir connue. Cela ne signifie pas que le poète l'ait définitivement adoptée. Dit-il vraiment son idéal ou fait-il une constatation métaphysique dans cette note de *Fusées :* « Le plus parfait type de Beauté virile est Satan — à la manière de Milton » ? Si l'on doit approuver Max Milner lorsqu'il en conclut que pour Baudelaire « il n'y a point de beauté, hors la tristesse de la créature qui refuse les " conditions de la vie " »[38], ne faut-il pas aller plus loin et dire : la beauté est une fleur du mal ? Dans un passage de sa préface où nous avons rencontré la source probable du titre du recueil, François de Foix n'écrit-il pas : « Il n'y a aucun moyen », entendez aucune relation, « entre le facteur » ou Créateur qui est « le bien », « et la chose faite », c'est-à-dire le monde formel ?

j'espère toujours pouvoir dominer, me venger, pouvoir devenir impunément impertinent — et autres enfantillages » (lettre du 11 octobre 1860), ne faut-il pas simplement y voir le dépit compréhensible de l'auteur méconnu et bafoué, qui s'aperçoit lui-même de la puérilité, disons de l'excès paradoxal de sa rancune ?

38. *Le Diable,* t. II, p. 481.

il devint une forme de l'enfer. La chute de l'âme consiste donc en définitive pour le Suédois en ce qu'elle s'attache à l'existence terrestre et qu'elle oublie ses origines célestes. (Dans un livre inachevé, *De Cultu et Amore Dei,* sur lequel je reviendrai, car on devra se demander si Baudelaire ne l'a pas connu dans une des éditions originales, Swedenborg imagine un autre tableau de la chute : l'homme créé pour vivre dans la chaleur et la lumière divines, s'est laissé séduire par le monde et par le désir d'être son propre maître — ce qui recouvre exactement la Genèse selon le *Pimandre ;* il a goûté au fruit de l'arbre de science, c'est-à-dire il a ouvert son être intérieur aux séductions des sens et dès cet instant il a perdu toute liaison directe avec la divinité ; ayant violé l'ordre divin, il devint incapable d'obéir à l'influence directe de Dieu : c'est cela qu'il faut entendre par l'expulsion d'Adam et d'Ève du paradis terrestre.

Voilà donc comment Swedenborg explique en fin de compte le péché originel. Ayons sa doctrine bien présente à l'esprit en sondant le sens que Baudelaire prête à cette expression bien entendu étrangère au *Pimandre,* du moins en tant que vocable, le concept pouvant à quelque degré recouvrir la faute d'orgueil qui, selon Hermès Trismégiste, amena l'âme à s'avilir en s'associant au monde formel.

Baudelaire n'aurait pas dû éprouver grand embarras à mettre d'accord les deux sources possibles de sa conception. Qu'au demeurant il ait rencontré dans Joseph de Maistre, sur la dégradation progressive de l'univers créé, une confirmation ou plutôt, comme le voudrait Vouga[6], un premier enseignement, on peut l'admettre. *Les Soirées de Saint-Pétersbourg* ont dû être dans ses mains avant des livres plus rares. Mais les développements du philosophe français, certainement nourri d'hermétisme, sont trop minces, trop vagues et surtout bien trop secs pour avoir suffi au poète qu'a dû bien davantage impressionner l'imagerie colorée de François de Foix et les visions de Swedenborg. La fin dernière de la Création, poursuit ce dernier, est l'union de l'homme avec Dieu. Or, la chute créa une barrière infranchissable. La malédiction dont Dieu frappa le serpent signifie que la partie sensorielle de l'homme par son refus de croire à ce que les sens ne pourraient confirmer se condamna elle-même et devint infernale. Pour éviter que l'homme tout entier ne fût entraîné vers l'enfer, Dieu descendit lui-même sur la terre. Ce n'est pas, en effet, le

6. *Op. cit.,* notamment 2e partie, III.

Fils mais Dieu qui devint Homme, et la Trinité, homologue de la triple nature de l'homme âme-corps-activité humaine, n'apparut qu'à cet instant. En se soumettant aux tentations et en triomphant d'elles, Dieu transforma au cours de son incarnation sa nature humaine en une nature divine. « C'est dans cette glorification de l'essence humaine de Dieu et non dans les souffrances de la Croix que réside le rachat » (*ibid.*, 95-101).

Dès lors, la réversion du péché n'étant plus automatique, Swedenborg rejoint les néo-platoniciens et le *Pimandre.* Il est amené à nier le salut par la seule foi, à nier aussi tous les dogmes chrétiens qui s'y rattachent, celui de la colère divine et celui de la Rédemption. Jésus-Christ n'est pas venu sur terre pour apaiser, par un sacrifice expiatoire, le courroux divin et pour racheter l'humanité. Aussi nul ne peut-il compter sur son salut par l'intervention du Christ. Celui-ci est descendu sur terre sous une forme humaine pour combattre la puissance de l'enfer qui avait atteint un effroyable pouvoir par suite des péchés accumulés par des générations humaines. Dorénavant, la route est aplanie du fait que l'emprise des démons sur l'homme a faibli. L'équilibre est rétabli entre le ciel et l'enfer. Mais depuis la Passion de nouvelles apostasies repeuplent le monde des esprits (infernaux) et un nouveau jugement sera nécessaire.

Baudelaire a-t-il pensé à ce processus en écrivant : « Est-ce que la morale s'est relevée ? Non, c'est que l'énergie du mal a baissé. » Faute de contexte, nous ne savons comment l'entendait le poète, et nous avons vu que la croyance au Rédempteur divin ne lui était pas très familière à l'époque.

Le monde spirituel comme le monde naturel étant exclusivement peuplé par des hommes, il n'y a point d'anges directement créés par Dieu, ni d'ange déchu ou démon créateur de l'enfer. Dès sa vie terrestre l'homme est intérieurement ange ou démon. S'il est damné, il entre au monde des esprits où, à son arrivée, il conserve son apparence avec le même visage et la même voix. Tous les deux se modifient progressivement, et l'homme finit par avoir le visage et la voix qui correspondent à son être intérieur. Il se trouve contraint de parler et d'agir comme il pense, sa mimique reflète désormais ses états d'âme réels (*De Coelo,* 457). Il révèle ainsi son être véritable, non seulement aux autres esprits, mais à lui-même.

Tous les péchés qu'il a commis sur la terre, même ceux qu'il a oubliés, reparaissent dans sa mémoire et sont révélés aux anges qui ont mission de le contrôler. Cette tendance — *Amor Regnans,*

Rédempteur. C'est bien pourquoi un tel progrès est étroitement lié, dans la pensée de Baudelaire, à la double notion de libre-arbitre et de la fatalité qui sont précisément à la base de la doctrine hermétique et de la doctrine swedenborgienne dernière manière : « Pour que la loi du progrès existât, note en effet le poète, il faudrait que chacun voulût le créer ; c'est-à-dire que, quand tous les individus s'appliqueront à progresser, alors l'humanité sera en progrès. — Cette hypothèse peut servir à expliquer l'identité des deux idées contradictoires, liberté et fatalité. Non seulement il y aura, dans le cas de progrès, identité entre la liberté et la fatalité, mais cette identité a toujours existé. Cette identité c'est l'histoire, l'histoire des nations et des individus », dès lors que, par le *fatum (Pimandre)* ou par la loi (Swedenborg) que Dieu s'est imposée, l'homme est soumis à l'action des démons, mais qu'il peut s'en délivrer par le lent travail de la régénération individuelle effaçant peu à peu les effets de la chute.

3. *Les Correspondances.* — Je ne m'attarderai guère à ce point de la doctrine swedenborgienne. Il a été maintes fois évoqué à propos de Charles Baudelaire. Le mystique suédois l'expose dans sa *Clavis Hieroglyphica Arcanorum.* Il y a, dit-il, correspondance non seulement entre les choses naturelles, spirituelles et divines, mais encore et plus particulièrement entre les désignations verbales de ces choses qui sont dans les rapports du type, de l'image et de l'ombre. Toute chose naturelle est donc la représentation d'une chose spirituelle et celle-ci à son tour est la représentation d'une chose divine. Ainsi tout ce qui tombe sous les sens a une signification symbolique, les formes et les phénomènes matériels peuvent dès lors nous faire connaître la pensée divine. On aboutit à une sorte de physiognomonie, preuve de l'union qui existe entre le corporel et le spirituel, entre l'homme intérieur et l'homme extérieur. Swedenborg en déduit une congruence absolue du monde spirituel et du monde sensible. Empruntant à Aristote, il admet que tout être terrestre a dans le monde supérieur une image initiale, et que le monde supérieur nous offre donc la reproduction parfaite de notre propre monde. De là découlera sa description du monde céleste que j'évoquerai tout à l'heure.

Le Suédois compare la nature à une toile d'araignée et l'homme à l'araignée placée au centre de la toile dont elle perçoit les moindres mouvements, si périphériques soient-ils. Résultat d'une émanation continue de la forme divine.

Martin Lamm [7] a démontré que Swedenborg a trouvé l'essentiel de sa doctrine chez Pic de La Mirandole et dans la Cabbale juive autant que chez les néoplatoniens Jamblique, « Mercurius Trismegistus » et Philon. Il est bien connu que Baudelaire la résume dans les vers de *Correspondances* dont le titre même est emprunté à Swedenborg [8]. On peut se demander si ce fragment de *Fusées* n'est pas une autre réminiscence du mystique suédois : « *Dans certains états de l'âme presque surnaturels, la profondeur de la vie se révèle tout entière dans le spectacle, si ordinaire qu'il soit, qu'on a sous les yeux. Il en devient le Symbole.* »

4. *La vie paradisiaque.* — Dans le *De Coelo,* source de l'allusion relevée dans *Les Bons Chiens,* donc à coup sûr connu de Baudelaire, et dans *De Amore Conjugali,* Swedenborg dépeint le séjour des justes. Ce sont des *villes bien ordonnées, aux belles maisons spacieuses et luxueusement meublées.* On y trouve tout l'appareil des cités terrestres, tribunaux, administrations, arts et métiers, musées, écoles, lycées et collèges où se déroulent des concours et des exercices intellectuels. Il y a même des bibliothèques bien fournies. Les artistes exécutent, sous une forme spirituelle, des *travaux merveilleux.* La vigueur de l'esprit maintient l'élasticité du corps. On s'adonne aux tâches les plus variées, religieuses, administratives et ménagères, toujours exécutées par amour du travail, par désir d'accomplir une œuvre utile ; car autant que sur terre, on a besoin de logements, de vêtements, de nourriture.

Sites féeriques pleins de *roseraies,* de *bosquets* aux *sources limpides,* le tout dans un *printemps perpétuel,* sous un *ciel ensoleillé (De Amore Conjugali, 137 et 316).* Dans ce paradis, les esprits des justes, même s'ils sont fort âgés, *retrouvent leur jeunesse,* jouissent de jours de repos, de jours de *fête,* d'heures de *loisir.* Chaque matin, s'élèvent les *chants suaves des vierges et des jeunes femmes ;* puis, vers midi, portes et fenêtres s'ouvrent et l'on assiste aux *jeux des filles et des garçons,* dans les rues, sous la surveillance des maîtres. Aux confins de la ville, ces enfants s'adonnent à d'autres jeux, course, lancement de javelot, balle. On organise des concours, et les vainqueurs reçoivent en récompense quelques *feuilles de laurier.* Des acteurs et des jongleurs donnent des spectacles moraux. Des concerts

7. Martin Lamm, *Swedenborg* (Stock, 1936), pp. 50-51.
8. Cf. p. 147, note 2.

d'instruments à vent et à cordes sont proposés par des musiciens assis sur trois rangs de gradins enguirlandés de vignes, tandis que chanteurs et chanteuses réjouissent le public par leurs *chants suaves.*

Suivant leurs goûts, les habitants du ciel peuvent rester célibataires ou se marier entre eux. L'amour céleste est chaste, car c'est à la fois *l'union des âmes et celle des corps. Il ne naît pas d'enfants, mais ces unions engendrent l'amour et la sagesse ;* seules elles permettent à l'homme d'atteindre la pleine perfection.

La *Nova Hierosolyma* (Nouvelle Jérusalem) ajoute la splendeur à ce tableau idyllique. Jean Pommier[9] l'a dit, le *Rêve Parisien* procède de cette vision mystique, avec ses palais de cristal, d'or, de pierreries, ses murs de métal et de marbre et ses douze bases de pierres précieuses déjà dépeints par l'apocalypse. Baudelaire y ajoute un trait de mysticité également emprunté à l'Apocalypse (« La ville n'a besoin ni du soleil ni de la lune pour l'éclairer ») :

Nul astre d'ailleurs, nuls vestiges
de Soleil, même au bas du ciel,
pour illuminer ces prodiges,
qui brillaient d'un feu personnel.

C'est du reste un lieu commun des mystiques, que ces visions éclairées en quelque sorte de l'intérieur et d'une lumière plus vive que celle de notre astre du jour.

Deux autres poèmes paraissent refléter une influence des visions swedenborgiennes : la *Mort des Amants* et *J'aime le souvenir de ces époques nues...* Le premier, par-delà un parfum d'exotisme, pourrait bien s'inspirer de la vie des époux célestes qui selon Swedenborg engendrent l'amour et la sagesse et aboutissent à la perfection par *l'unité de deux « demi-hommes »* (*D.C.A.* 37) :

Nous aurons des lits pleins d'odeurs légères,
des divans profonds comme des tombeaux,
et d'étranges fleurs sur des étagères,
écloses pour nous sous des *cieux plus beaux.*

9. *La Mystique de Baudelaire*, pp. 39-40.

Usant à l'envi de leurs chaleurs dernières,
nos deux cœurs seront deux vastes flambeaux,
qui réfléchiront leurs doubles lumières,
dans nos deux esprits, ces miroirs jumeaux.

Un soir fait de rose et de bleu mystique,
nous échangerons un éclair unique,
comme un long sanglot, tout chargé d'adieux ;

et, résultant de cette union mystique :

Et plus tard *un Ange, entrouvrant les portes,*
viendra ranimer, fidèle et joyeux,
les miroirs ternis et les flammes mortes.

Le rapprochement avec le tableau swedenborgien éclaire en tout cas davantage et paraît s'imposer à la pensée baudelairienne, encore plus que des réminiscences de Ronsard [10], après tout possibles, pour les « deux flambeaux ».

Enfin le poème V de « Spleen et Idéal » commençant par ce vers : *J'aime le souvenir de ces époques nues.* C'est un triptyque où se succèdent une description des « natives grandeurs » de la vie — bucolique ou mystique, on ne le précise pas —, du couple — sans qu'on sache si c'est le premier — une désespérante et infernale vision des races subséquentes et enfin un couronnement de la « jeunesse ». Je tiens ce poème pour purement swedenborgien. Voici d'abord comment Swedenborg, dans *De Cultu et Amore Dei,* œuvre inachevée mais livrée au public, dépeint la naissance et la vie du premier couple : *la terre entière était alors un paradis. Les dieux de la mythologie romaine s'y promenaient sous une forme humaine. Flore et Cérès reposaient sur leur couche de gazon ;* Diane parcourait les forêts, suivie de ses nymphes ; *Jupiter, Phébus et les autres dieux s'adonnaient à leurs plaisirs favoris.* Or, dans la région la plus tempérée, était un bosquet de pommiers si dense que les rayons obliques du soleil s'en trouvaient adoucis. Dans ce paradis des paradis allait croître l'œuf fécondé par l'*anima* d'où

10. Rapprochement proposé par Crépet et Blin (Éd. crit. *Fleurs du Mal,* p. 516) avec la queue du *Cartel pour les chevaliers des Flammes,* dans les *Mascarades* :

Quand la Mort ravira nos dépouilles mortelles,
par la sainte faveur devenus transformés,
nous voulons luire au Ciel deux flambeaux allumés.

sortit Adam. Adolescent, *Adam est sacré roi par les « intelligences »*. *Ève,* à son tour, naît dans un autre bosquet de pommiers, et c'est bientôt *l'amour idéal où le couple met en commun toutes les jouissances avec l'approbation de Dieu, « de sorte qu'un flot de jouissances inondait pour ainsi dire un cœur unique, divisé en deux ventricules ». Lorsqu'ils se réveillent « du plus suave sommeil dans leur couche nuptiale, une lueur céleste scintillait à leurs yeux »*. Le livre s'interrompt sur cette vision.

Plaçons en regard le premier volet du triptyque baudelairien. Il dépeint ce que dans le second volet le poète appellera les « natives grandeurs » de la vie de « l'homme et (de) la femme » :

> J'aime le souvenir de ces époques nues,
> dont *Phoebus se plaisait à dorer les statues.*
> Alors *l'homme et la femme en leur agilité*
> *jouissaient sans mensonges et sans anxiété,*
> et, *le ciel amoureux leur caressant l'échine,*
> exerçaient la santé de leur noble machine.
> *Cybèle alors, fertile en produits généreux,*
> ne trouvait point ses fils un poids trop onéreux,
> mais, louve au cœur gonflé de tendresses communes,
> abreuvait l'univers à ses tétines brunes.
> *L'homme, élégant, robuste et fort, avait le droit,*
> *d'être fier des beautés qui le nommaient leur roi ;*
> *fruits purs de tout outrage et vierges de gerçures,*
> dont la chair lisse et ferme *appelait les morsures !*

Si ces « fruits purs de tout outrage et vierges » désignent clairement un lieu paradisiaque, peu avant la chute qu'annoncent les mots : « appelait les morsures », nous retrouvons dans ce morceau les dieux romains, Phoebus et Cybèle paradoxalement égarés dans ce paradis biblique, s'adonnant à leurs plaisirs favoris, côte à côte avec l'homme et la femme. Nous retrouvons le couple qui connaît les jouissances pures approuvées par le « ciel amoureux ». Et, comme chez le mystique suédois, l'homme est sacré « roi » de la création par « les beautés », qui ne sont autres que « les intelligences » swedenborgiennes.

Le second tableau de Baudelaire nous présente des êtres monstrueux et des « Vierges du vice maternel traînant l'hérédité », allusion au péché originel, donc à la Chute :

Le poète aujourd'hui, quand il veut concevoir
ces natives grandeurs, aux lieux où se font voir
la nudité de l'homme et celle de la femme,
sent un froid ténébreux envelopper son âme
devant *ce noir tableau plein d'épouvantement.*
O monstruosités pleurant leur vêtement !
O ridicules troncs ! torses dignes des masques !
O pauvres corps tordus, maigres, ventrus ou flasques !
que le dieu de *l'Utile,* implacable et serein,
enfants, emmaillota dans ses *langes d'airain.*
Et vous, femmes, hélas ! pâles comme des cierges,
que ronge et que nourrit la débauche, et vous, vierges
du vice maternel traînant l'hérédité
et toutes les hideurs de la fécondité.

Ce « noir tableau plein d'épouvantement » où grouillent des figures grimaçantes et monstrueuses s'inspire-t-il, essentiellement, comme on l'a soutenu[11], des menues difformités des corps modernes sanglés dans des costumes exigeants ? Ne serait-il pas plutôt, face à la vie paradisiaque du couple avant la Chute, une représentation des êtes monstrueux qui peuplent l'enfer swedenborgien ou même simplement l'humanité affectée du péché originel (comme les « vierges du vice maternel traînant l'hérédité » le disent, semble-t-il, clairement) ? Car, selon Swedenborg, les hommes détachés de Dieu deviennent dans cette vie même *des formes de l'enfer.* Ne serait-ce pas les damnés, cette *société d'hommes* qui, nous l'avons vu, sont *désormais incapables de dissimuler leurs sentiments, dont les traits se modifient peu à peu, reflétant leur état d'âme, dont le visage est noir et velu, couvert de pustules, d'ulcères et de plaies, alors qu'entre eux, ces malheureux croient avoir figure humaine* (*De Coelo,* p. 553) ? Voilà qui expliquerait parfaitement un ultime trait de pinceau que, dans le troisième volet, Baudelaire ajoute à la hideur du second :

Des visages rongés par les chancres du cœur.

Ainsi le poète semble bien décrire dans ces versets soit les « démons » swedenborgiens, hommes morts, condamnés à agir dans le corps et l'esprit des vivants, soit d'une façon plus

11. Crépet et Blin, *op. cit.,* pp. 301-302.

générale l'humanité swedenborgienne consécutive à la Chute. Et voici le troisième volet :

> ...ces inventions de nos muses tardives
> *n'empêcheront jamais les races maladives*
> *de rendre à la jeunesse un hommage profond*
> *— à la sainte jeunesse, à l'air simple, au doux front,*
> *à l'œil limpide et clair ainsi qu'une eau courante,*
> *et qui va répandant sur tout, insouciante*
> *comme l'azur du ciel, les oiseaux et les fleurs,*
> *ses parfums, ses chansons et ses douces chaleurs.*

Le poète a-t-il tout simplement, comme le croient Crépet et Blin [12], cherché à imiter Victor Hugo ? Il serait surprenant qu'il ait placé un tableau banalement descriptif dans une section du recueil où il a groupé des œuvres hautement philosophiques. N'a-t-il pas plutôt, ici, comme dans la première partie, évoqué le ciel swedenborgien, où, en dépit de leur déchéance postérieure à la Chute, pourront aspirer les « races maladives » décrites au second volet, pour y vivre une nouvelle jeunesse ? Qu'on se rappelle la description par Swedenborg du monde élyséen où les justes retrouvent la jeunesse, où l'on vit sous un ciel serein une existence simple et saine, exempte de soucis, fleurie et remplie de chants et d'insouciants, d'innocents plaisirs. Quelle meilleure explication de l'expression inattendue de « sainte jeunesse » ?

On le voit, cet inventaire rapide — et incomplet — des réminiscences swedenborgiennes déborde largement le rappel de la doctrine des Correspondances trop évident pour qu'il pût longtemps passer inaperçu. Swedenborg avançant en âge emprunta de plus en plus à l'hermétisme alexandrin — consciemment ou inconsciemment, on ne saurait le dire. Charles Baudelaire ne devait éprouver aucun embarras pour passer de l'œuvre de François de Foix à celle du mystique, complétant les notions de l'un par les descriptions fantastiques de l'autre. Synthèse d'autant plus aisée que tous deux — François de Foix au détriment de la pure doctrine hermétique, Swedenborg par une inébranlable conviction — se sont maintenus dans une ambiance chrétienne assez peu orthodoxe, ouverte au syncrétisme et à l'ésotérisme chers à Baudelaire.

12. *Op. cit.*, p. 303. De son côté, Jean Pommier (*Dialogues*, p. 162, note 13) voit ici une allusion à l'École de Natation. Quant à Ruff (*op. cit.*, p. 291), il trouve tout le poème « sans grande portée par le thème ».

CHAPITRE VIII

BAUDELAIRE ET LA RELIGION

Comment croire que Baudelaire, en écrivant ses poèmes n'ait eu que des préoccupations esthétiques et qu'il n'ait eu garde d'inscrire dans ses vers la moindre intention, voulue ou non, tenant à ses convictions spirituelles ou religieuses qui émaillent en langage clair plus d'une de ses notes ? Bien sûr, il écrit à sa mère, le 9 juillet 1857 : « Vous savez que je n'ai jamais considéré la littérature et les arts que comme poursuivant un but étranger à la morale et que la beauté de la conception et du style me suffit. » Mais il tente ici d'apaiser les appréhensions d'une femme effrayée par l'indignation de son confesseur. Le curé de Honfleur ne venait-il pas de jeter au feu le précieux volume des *Fleurs du Mal,* ce qui suscite la stupeur du poète et ce cri rassurant : « Il n'a même pas compris que ce livre partait d'une idée catholique. » ?

Baudelaire, qui savait être secret, n'est-il pas bien plus sincère, lorsque, le 18 février 1866, à un moment où il n'a plus à ménager personne, il écrit à Ancelle : « Dans ce livre atroce, j'ai mis tout mon *cœur,* toute ma *tendresse,* toute ma *religion* (travestie), toute ma haine » (c'est toujours lui qui souligne). Sa religion *travestie,* insiste-t-il, pour bien marquer le soin qu'il avait pris à inscrire dans un recueil une pensée qu'il craignait de rendre trop claire ou qu'il avait quelque raison de déguiser. Et d'ajouter : « Il est vrai que j'écrirai tout le contraire, que je jurerai mes grands dieux que c'est un livre d'art pur, de singerie, de jonglerie ; et je mentirai comme un arracheur de dents. »

Les préoccupations esthétiques n'ont donc pas été les seules. Le problème n'est pas résolu pour autant. Il faut de prime abord se garder de mettre trop vite le mot « idée catholique » au compte des hypocrisies d'un fils soucieux de rassurer une mère autoritaire et assez étroite d'esprit. Mais il y a d'autres témoignages non moins ambigus : la lettre à Mme Aupick, du 16 mai 1861, à propos de la tentation du suicide : « Et Dieu, diras-tu ? Je désire de tout mon cœur qu'un être extérieur et invisible s'intéresse à ma destinée, mais comment faire pour le croire ? » Une autre lettre déjà citée, à propos de la prière, vient éclairer ce mot : « En même temps, et *pendant trois mois,* par une contradiction singulière, mais seulement apparente » avec ses idées de suicide, « j'ai prié *à toute heure* (qui ? quel être défini ? je n'en sais absolument rien) » (lettre du 1er avril 1861). On retrouve ici cette idée d'accord possible entre le suicide et les lendemains de l'au-delà que nous avions relevée à plusieurs reprises et pu interpréter dans le cadre de l'hermétisme. Il y a enfin les assurances que sa mère donne à Asselineau, quelque temps après la mort du poète auquel elle prêtait « depuis quelques années des sympathies religieuses », c'est-à-dire catholiques, laissant ainsi entendre qu'il n'en avait pas eu auparavant.

On doit joindre au dossier d'autres pièces encore. A propos des *Misérables,* Baudelaire écrit : « Je crois que pour ceux même qui trouvent dans la doctrine orthodoxe, dans la pure théorie catholique une explication, sinon complète, du moins plus compréhensive de tous les mystères inquiétants de la vie, le nouveau livre de Victor Hugo doit être le bienvenu » (article du 20 avril 1862). Faut-il y lire une restriction, une manière de sarcasme qui rappellerait l'appellation de « grosses bêtes » dont il chargeait les lecteurs de George Sand ? On s'est appuyé[1] sur sa réponse à Flaubert déjà citée pour partie. Lisons dans leur entier les messages échangés. Flaubert, à propos d'une réédition en volume des *Paradis artificiels* : « Il me semble que dans un sujet traité d'aussi haut, dans un travail qui est le commencement d'une *science naturelle,* dans une œuvre d'observation et d'induction, vous avez (et à plusieurs reprises) insisté trop (?) sur l'*Esprit du mal.* On sent comme un levain de catholicisme çà et là. » Réponse de Baudelaire : « J'ai été frappé de votre observation, et, étant descendu très sévèrement dans le souvenir de mes rêveries, je me suis aperçu que, de tout temps, j'ai été obsédé par l'impossibilité de me rendre compte de certaines actions ou pensées soudaines de l'homme, sans l'hypothèse de

1. Ruff, *L'esprit du mal,* p. 325.

l'intervention d'une force méchante extérieure à lui. Voilà un gros aveu dont tout le XIXe siècle ne me fera pas rougir » (lettre du 26 juin 1860). C'est solliciter le texte que d'y lire un aveu de catholicisme. Cette force méchante extérieure à l'homme n'est pas nécessairement le Satan biblique, nous l'avons vu. Au reste, la phrase ne répond pas à la notion « levain de catholiscisme », mais à la notion « l'Esprit du mal » et à celle de « science naturelle ». Ainsi l'ambiguïté demeure.

Dans son *Salon de 1859*, Baudelaire insinue que la religion est « la plus haute fiction de l'esprit humain » et il ajoute entre parenthèses : « Je parle exprès comme parlerait un athée professeur des beaux arts et rien n'en doit être conclu contre ma foi. » Dévoile-t-il celle-ci dans sa lettre du 10 novembre 1858 à Alphonse de Calonne, directeur de la *Revue contemporaine :* « Les professeurs protestants constateront avec douleur que je suis un catholique incorrigible », ou à Victor de Laprade, dans un message du 23 décembre 1861 : « J'ai toujours été un fervent catholique » ? Milner[2] a-t-il tort, contre Ruff[3], de se demander s'il ne cherche pas à « monter en épingle son catholicisme » à propos de sa candidature à l'Académie ?[4] Et que penser de l'article nécrologique paru dans *La Presse* du 10 septembre 1867, sous la signature de E. Bauer : « Baudelaire professait en toute occasion sa foi, profonde, catholique, apostolique et romaine, et s'appuyait sur les Pères de l'Église. » ? Au regard des autres textes, tant d'ostentation — assez vraisemblable — paraît suspecte. Et cette information si elle est sérieuse ne nous fera pas oublier le mot d'un critique dans *Le Figaro* du 8 janvier 1863 : « M. Renan fut prêtre, M. Baudelaire le sera, M. Flaubert semble l'avoir été. »

Les *Journaux intimes* entretiennent le mystère. On ne saurait tirer une conclusion quelconque de cette note de *Fusées* dont s'est emparé Ruff[5] : « Quand même Dieu n'existerait pas, la Religion serait encore Sainte et Divine. » On voit mal un christianisme sans Dieu, alors que cela pourrait viser le Logos hermétique. Il reste un seul texte univoque, la longue note sur la prière citée plus haut : « Je me jure à moi-même de prendre

2. *Le Diable*, t. II, p. 439.

3. *L'esprit du mal*, p. 325.

4. Je passe sur une autre lettre à Calonne : « Cher Monsieur, en sortant de l'église... » Était-ce un office ordinaire ou une cérémonie officielle ? Ruff *(ibid.)* lui-même hésite.

5. *Op. cit.*, p. 356.

désormais les règles suivantes pour règles éternelles de ma vie », ce qu'elles n'étaient manifestement pas la veille : « faire tous les matins ma prière à Dieu, réservoir de toute force et de toute justice, à mon père, à Mariette et à Poe, comme intercesseurs ; les prier de me communiquer la force nécessaire pour accomplir tous mes devoirs, et d'octroyer à ma mère une vie assez longue pour jouir de ma transformation », une insistance significative, « me fier à Dieu, c'est-à-dire à la justice même, pour la réussite de mes projets ; faire tous les soirs une nouvelle prière, pour demander à Dieu la vie et la force pour ma mère et pour moi ». Depuis que Crépet[6] a pu restituer à la fin de *Fusées* cette note classée d'autorité par Poulet-Malassis, l'éditeur de Baudelaire, à la fin de *Mon cœur mis à nu*, on ne pouvait plus s'en tenir à la notion commode d'un Baudelaire hérétique ou incroyant jusqu'aux « quelques années » qui précédaient sa mort[7].

Force est donc d'admettre qu'au moins à l'époque indéterminée de cette note, manifestement écrite dans un moment de désarroi, comme quelque temps avant sa fin, Baudelaire a connu un retour à la foi de son enfance. Rien ne permet d'en suspecter la sincérité au moins momentanée, pas plus du reste que d'affirmer son caractère durable. Mais ce ou ces repentirs n'ont laissé dans l'œuvre baudelairienne aucune trace indiscutable antérieurement à 1862, mises à part les ambiguïtés du poème *Réversibilité* que nous avons sondées plus haut.

Comment alors expliquer les trois déclarations du poète sur le fond « catholique » des *Fleurs du Mal* et sur la permanence de sa ferveur ? Si l'on fait la part de l'opportunisme et de la crainte d'un scandale qui a bel et bien fondu sur lui, ne faut-il pas croire que Baudelaire a fréquemment varié et a mainte fois cherché une conciliation entre des doctrines qui, à tort ou à raison ne satisfaisaient qu'imparfaitement sa pensée et ses goûts ? Au sein d'une église qu'il ne ménageait pas et dont très vraisemblablement il ne suivait pas les pratiques, ne sollicitait pas les sacrements et n'admettait pas les dogmes, Baudelaire semble s'être arrogé le droit d'affirmer une conception assez

6. Édition des *Journaux intimes* (Mercure de France, 1938).

7. Sur cette controverse, voir notamment Ruff, *L'esprit du mal et l'esthétique baudelairienne*, p. 353. On pourrait également citer cette note : « Hygiène. Morale. — A Honfleur ! le plus tôt possible, avant de tomber plus bas. Que de pressentiments déjà envoyés par Dieu, qu'il est grandement temps d'agir... » Mais est-ce bien le Dieu chrétien que désigne ici le poète dans son évident désarroi ?

personnelle [8], proche de celle que suggèrent les incessantes coïncidences entre son cœur et les enseignements du *Pimandre* éclairés ou complétés par la doctrine de Swedenborg, sans pour autant fermer la porte à d'autres convictions ou explications de l'univers.

Ainsi, et ainsi seulement se justifierait ce passage des *Curiosités esthétiques* : « J'ai essayé plus d'une fois, comme tous mes amis, de m'enfermer dans un système pour y prêcher à l'aise. Mais un système est une espèce de damnation qui nous pousse à une abjuration perpétuelle, il faut toujours inventer un autre sens... Pour échapper à l'horreur de ces apostasies philosophiques, je me suis orgueilleusement résigné à la modestie : je me suis contenté de sentir. » Ce qui d'ailleurs est trop de modestie, car il ne cesse de penser et d'exprimer une philosophie.

Ainsi s'expliquerait ce jugement porté en 1861 sur Leconte de Lisle et sur Renan dont la position peu orthodoxe était connue : « Dans le poète comme dans le philosophe, je trouve cette ardente mais impartiale curiosité des religions » *(L'Art romantique)*. Ainsi trouverait-on un sens à ce surprenant syncrétisme de la « religion universelle » qu'il entrevoit à travers des réminiscences swedenborgiennes d'une part, une conciliation de Chateaubriand [9], de Joseph de Maistre et des Alexandrins (hermétisme) d'autre part.

Le sous-titre du *Pimandre* accommodé par François de Foix en « philosophie chrétienne, connaissance du verbe divin et l'excellence des œuvres de Dieu » a pu être, en quelque sorte, une incitation et une justification non dépourvue de prétextes au sarcasme baudelairien.

La critique baudelairienne a parfaitement dégagé la manie de copier à laquelle Baudelaire n'a jamais résisté depuis ses toutes premières œuvres, depuis *Idéolus* écrit en collaboration

8. Ruff (*op. cit.*, p. 325) le considère lui-même comme « un catholique *en marge* ».

9. Daniel Vouga (*op. cit.*, pp. 164-165) cite fort à propos, semble-t-il, ce passage du *Génie du Christianisme* I, I, III, ch. I : « Il y a des vérités que personne ne conteste, quoiqu'on n'en puisse fournir des preuves immédiates : la rébellion et la chute de l'esprit d'orgueil, la création du monde, le bonheur primitif et le péché de l'homme, sont au nombre de ces vérités. Il est impossible de croire qu'un mensonge devienne une tradition universelle. Ouvrez les livres du second Zoroastre, les dialogues de Platon et ceux de Lucien, les traités moraux de Plutarque, les fastes des Chinois, la Bible des Hébreux, les Eddas des Scandinaves ; transportez-vous chez les nègres de l'Afrique ou chez les savants prêtres de l'Inde : tous vous peindront les temps trop courts du bonheur de l'homme, et les longues calamités qui suivirent la perte de son innocence. »

avec Prarond [10], jusqu'à la fin de sa vie. Si l'on met à part la tentative parfois utile de Daniel Vouga sur les interférences de la pensée de Joseph de Maistre et de l'auteur des *Fleurs du Mal,* on s'est moins préoccupé de l'emprunt que ce copiste génial a pu faire de ses idées ; et l'école psychanalytique a eu beau jeu pour tout ramener aux schémas du sado-masochisme [11].

On pourrait évidemment se le demander : pourquoi tant de précautions à voiler ses sources ? Outre l'intérêt que Baudelaire pouvait trouver à nourrir le mythe de son « pur » catholicisme, n'est-il pas clair, après les rapprochements sans nombre proposés par mon livre — et je suis loin d'avoir épuisé la matière qui pourrait remplir un second ouvrage — que le poète avait le *Pimandre* de François de Foix comme livre de chevet, qu'il y pêchait sans cesse des thèmes, des schémas, des métaphores, un vocabulaire, en plus d'une doctrine ? Avait-il intérêt à divulguer son secret nourricier ?

Peut-être convient-il, pour finir, de s'interroger sur les origines des livres hermétiques et sur leurs rapports avec le christianisme des premiers siècles. En préface à sa traduction des livres hermétiques (1866) Ménard dit : « On ne trouverait pas dans un véritable Grec cette adoration extatique qui remplit les livres d'Hermès ; la piété des Grecs était beaucoup plus calme. » Aussi Ménard pense-t-il pouvoir déceler dans l'unité apparente des écrits alexandrins trois groupes principaux : juif, grec et égyptien, groupes qu'on rencontre rassemblés dans ce creuset de l'alchimie intellectuelle et religieuse que fut à son gré

10. Voir *supra*, p. 16.

11. La thèse de Jean-Paul Sartre tendant à démontrer que les « échecs » de Baudelaire sont des « auto-punitions » volontaires inspirées par un amour incestueux pour sa mère, transpose *L'échec de Baudelaire* publié par le Dr René Laforgue quinze ans auparavant. J'ai déjà rappelé que Georges Blin lui-même a fait justice de cette façon d'expliquer les tribulations du poète. Et dans les rares cas où Sartre cite à l'appui un texte précis, les pages qui précèdent ont montré ses erreurs d'interprétation, à tout le moins quant au sens qu'y attachait volontairement Baudelaire. Quant à tenter de savoir dans quelle mesure tel ou tel « complexe » a pu prédisposer le poète des *Fleurs du Mal* à être plus ouvert à une « justification » ou explication métaphysiques données, quelque intérêt que puisse présenter une pareille étude — nécessairement contrainte de passer outre aux incertitudes de plus en plus avouées d'une hypothèse scientifique —, on doit se demander si elle ne risque pas de fausser l'exégèse baudelairienne : elle tend en effet à juger l'homme au lieu de juger l'œuvre et, en rabaissant — peut-être à tort — l'auteur, de rabaisser son œuvre, en tout cas, ce qui nous importe bien davantage, de prêter à celle-ci un sens erroné. C'est d'ailleurs moins le livre fort brillant mais en porte-à-faux de Jean-Paul Sartre que vise ce propos, qu'une certaine critique littéraire momentanément à la mode.

la ville d'Alexandrie, autour du premier siècle. Dans ces trois ethnies, le groupe juif n'est pas le moins influent, avec Philon. C'est ce groupe qui forme la transition entre l'hellénisme et le christianisme naissant. « Entre les premières sectes gnostiques et les juifs helléniques représentés par Philon, il manquait un anneau : on peut le trouver dans quelques livres hermétiques, particulièrement dans le *Poïmandres* et le *Sermon sur la montagne* », écrit hermétique homonyme du passage des Évangiles. « Peut-être y trouvera-t-on aussi la raison des différences souvent constatées entre les trois premiers Évangiles et le quatrième. » Ce point d'exégèse préoccupait donc l'ancien ami de Baudelaire. L'Évangile de saint Jean reflète par divers aspects une conception plus proprement ésotérique et l'on y trouverait sans trop de mal l'écho de ce mot de saint Justin expliquant aux Grecs la doctrine chrétienne : « Nous appelons Jésus-Christ le logos ; nous lui appliquons la dénomination que vous donnez à Hermès. » Ce mot, François de Foix lui-même le rappelle à propos du « Sacrifice verbal » qui contribua peut-être à l'élaboration du poème *Bénédiction.*

C'est justement l'outrance dans un tel syncrétisme de la foi qui caractérisa les sectes gnostiques très tôt rejetées du sein du christianisme naissant. Ami de Baudelaire, Gustave Flaubert, écrivant de 1845 à 1856 sa première version de la *Tentation de saint Antoine,* attribue aux subtilités de ces sectes gnostiques et aux doctrines d'Origène une place qu'il réduira considérablement dans la version définitive de 1874. J'ai cité plus haut divers passages de lettres qu'il a échangées avec Charles Baudelaire, lequel lui révélait certaines de ses préoccupations métaphysiques et lui a fait le « gros aveu » qu'on sait.

Au demeurant, la gnose, la connaissance, joint tout l'héritage hermétique et tout l'héritage du pythagorisme avec son *gnoti seauton,* à un aspect plus secret, plus subtil, plus cérébral du premier christianisme. Voilà qui était bien fait pour attirer Baudelaire. Ménard, après d'autres, ne rappelle-t-il pas — et comment croire que Baudelaire l'ait ignoré ? — que « Poïmandrès » signifie le Pasteur de l'homme ? Le terme était de nature à rendre au « Christ Pasteur » un lustre que l'imagerie populaire avait pu ruiner dans l'esprit du poète. Le « Sermon sur la montagne », le « Fils de Dieu » et telles autres expressions que pratiquent les livres hermétiques et dont use et abuse le commentaire de François de Foix, qu'ils soient ou non des emprunts aux milieux chrétiens, pouvaient contribuer, comme le terme de

Poïmandrès, à conférer à cette doctrine un prestige que le poète refusait peut-être de reconnaître à la foi familière aux siens. S'il lisait à rebours les commentaires du comte de Foix, il y rencontrait, de page en page, de ligne en ligne, le témoignage d'une semblable extension, après tout hautement spirituelle, de la doctrine chrétienne. Et il n'est peut-être pas téméraire d'imaginer qu'il croyait y trouver la plus pure, l'originelle religion « sainte et divine » à ses yeux obscurcie par une élaboration des siècles subséquents.

Élevant davantage encore le débat, le poète ne s'est-il pas cru autorisé à franchir les limites qu'une église organisée doit imposer à la pensée de ses fidèles ? N'est-ce pas contre de telles limitations que s'insurge *le Voyage* où l'homme se vante d'avoir rencontré « plusieurs religions semblables à la nôtre, toutes escaladant le ciel » ? N'est-ce point au-delà de ces choix exclusifs que, sans dédaigner aucune des sources plongeant dans le cœur du monde antique et dans le sein du monde chrétien, Baudelaire entendait exalter, dans l'hermétisme et les fondements de cette « religion universelle » qu'il cherchait avec ferveur chez Swedenborg et ailleurs, cette « religion universelle faite pour les alchimistes de la pensée » comme lui, « une religion qui se dégage de l'homme considéré comme mémento divin » ? Car quelle autre doctrine que l'hermétisme a jamais proclamé aussi clairement la nature divine de l'homme ?

Qu'à l'intérieur même de ce cadre extrêmement souple il ait eu des crises, qu'on lui ait ou qu'il se soit reproché par instants cette liberté de conception, je n'en veux pour preuve que sa note sur la prière. J'ai rappelé l'analogie de *Bénédiction* inspirée par l'hymnodie du *Pimandre,* et de *L'Imprévu* qui reflète des préoccupations plus chrétiennes que païennes, témoignage sans doute d'un nouveau retour plus ou moins résolu à la foi catholique, fin 1862, date limite des poèmes empreints d'hermétisme. Voilà qui confirmerait le témoignage de Mme Aupick.

Enfin, pourquoi Baudelaire n'a-t-il guère révélé la source hermétique de son œuvre et pourquoi tant de soin à envelopper sa pensée ? Ses allusions aux Alexandrins, le Trismégiste placé au frontispice des *Fleurs du Mal,* « Hermès inconnu » qui paraît dans l'*Alchimie de la douleur* ne sont-ils pas un aveu suffisant ?

Cherchant une conciliation, consciente ou non, entre le christianisme vivant et l'hermétisme antique, Baudelaire, suivant l'exemple de François de Foix, pouvait être porté à greffer sur des notions païennes ou gnostiques un langage, un vocabulaire, des images, chrétiens et modernes, grâce à quoi il a échappé à la froideur hautaine qui fige les vers d'un Ménard pourtant inspirés de philosophies voisines.

Cet amalgame audacieux a pu tromper. Rencontrant mainte locution familière à nos oreilles, on a pu croire à l'écho d'un christianisme sans mélange. Il faut écarter ce voile, afin de bien apprécier le sens réel des mots qui fréquemment habillent une pensée étrangère à nos habitudes.

L'homme qui ne connut jamais d'autres extases que celles, frelatées, du haschisch et celles, encore plus redoutables, de vertiges physiques, l'homme qui aspirait de tout son cœur à une croyance sublime et à l'élévation mystique, était plus que tout autre sensible aux frémissements du langage moral ou religieux comparables aux exaltations de la musique liturgique. Secours précieux pour communiquer le courant poétique et pour nous infuser ce *mysterium tremendum* en quoi on a analysé l'impression saisissable du sacré sur l'être humain. N'est-ce pas ce sentiment mystique un peu confus mais ardent que Baudelaire n'a cessé d'exprimer, dans le poème des *Correspondances* swedenborgiennes aussi bien que dans les derniers vers purement chrétiens de *L'Imprévu* :

Le son de la trompette est si délicieux
dans ces soirs solennels de célestes vendanges,
qu'il s'infiltre comme une extase dans tous ceux
    dont elle chante les louanges.

APPENDICE

TABLEAU DES PRINCIPAUX CONCEPTS HERMÉTIQUES EXPOSÉS PAR LE « PIMANDRE » (POÏMANDRÈS) DE MERCURE (HERMÈS) TRISMÉGISTE, TRADUIT PAR FRANÇOIS DE FOIX (1579), AVEC RÉFÉRENCE AUX PRINCIPAUX ÉCRITS CORRESPONDANTS DE CHARLES BAUDELAIRE

(Les textes tirés du *Pimandre* sont reproduits en italique.) Les numéros renvoient aux pages du livre.

Créé par voie d'émanations successives, le monde terrien a été livré par le Destin aux démons qui en ont le gouvernement. Des « compagnies de démons » s'installent dans l'homme dès sa naissance, cachés dans ses « nerfs, artères et cerveau, voire pénétrant jusqu'aux entrailles » ; ils « manient et remuent » nos corps, asservissent par la volupté notre « libre arbitre et volonté » et ont pour charge « les imperfections », les « puantises matérielles » « répugnant aux perfections de Dieu ». (39-44).

Serré, fourmillant, comme un million d'helminthes,
dans nos cerveaux ribote un peuple de Démons,
et, quand nous respirons, la Mort dans nos poumons
descend...
C'est le Diable qui tient les fils qui nous remuent !
Sur l'oreiller du mal c'est Satan Trismégiste
qui berce longuement notre esprit enchanté,
et le riche métal de notre volonté
est tout vaporisé par ce savant chimiste.
Aux objets répugnants nous trouvons des appas ;
Chaque jour vers l'Enfer nous descendons d'un pas,
sans horreur, à travers des ténèbres qui puent.

(Au Lecteur) (36-44).

« Satan (est) vrai prince et capitaine de ce monde matériel et corruptible » de par une disposition divine nommée fatum *ou fatale destinée » enfermant l'homme dans les ténèbres. (41-42).*

IMPRIMERIE A. BONTEMPS, LIMOGES (FRANCE) — Dépôt légal : 2e trimestre 1972